열여섯 살

마음의 크기가 인생을 결정한다

열여섯 살

마음의 크기가 인생을 결정한다

열여섯 살 마음의 크기가 인생을 결정한다

김재헌 지음

일러두기
본문에 쓰인 성경 구절은 대한성서공회에서 발행한 표준새번역을 사용했습니다.

네 인생을 바꿀 보물 이야기

밤하늘을 본 적 있니? 그렇다면 밤하늘에 총총 박힌 별들도 보았을 게다. 밤하늘에 빛나는 별은 보석처럼 예쁘게 보이지만 알고 보면 다 그 내부에 엄청 뜨거운 무언가를 품고 있지. 그래서 그렇게 밝고 환하게 빛날 수 있는 거야. 가슴이 텅 비어 있거나 얼음처럼 차갑다면 결코 빛날 수가 없어. 그러고 보니 갑자기 궁금해지는구나. 너는 가슴속에 무엇을 품고 있니?

과학시간에 다들 배웠겠지만 우주에는 별들이 어마어마하게 많다고 해. 한 은하계 안에 약 1,000억 개의 별이 있다니 말이야. 그런데도 불구하고 밤하늘 너머로 보이는 우주에는 검은 어둠이 더 많구나. 그건 우리가 이 우주, 아니 이 세상을 비추는 밝고 환한 빛이 꼭 돼야 하는 이유가 아닐까? 이 세상은 여전히 더 많은 빛이 필요하단다. 그러니 너희들도 밤하늘의 별들처럼 세상을 밝히는 빛이 됐으면 해.

성경에는 빛이 되는 방법이 아주 자세하게 구체적으로 씌어 있단다. 다니엘서 12장 3절을 보면 "많은 사람을 옳은 길로 인도한 사람은 별처럼 영원히 빛날 것이다"라는 구절이 있어. 마음속으로 천천히 읽어보렴. 그러면 빛이 되는 방법을 잘 알게 될 거야!

성경에서 말한 별과 같이 빛나는 사람이란 요즘 말로 하면 스타지. 그러면 누가 진짜 스타가 될까? 머리 좋은 사람? 아니면 예술가? 연예인? 물론 그들도 스타는 스타지. 하지만 그런 사람들은 잠시 반짝하다 사라지는 별똥별이 아닐까 해. 오래도록 영원히 빛나는 진짜 스타는 이 세상과 인류에게 믿음과 소망과 사랑을 주는 사람이란다. 조금 전에 말했듯이 별들이 그 내부에 뜨거운 그 무언가를 품고 있듯이 진짜 영원히 빛나는 스타는 가슴속에 굳건한 믿음과 진리를 갈망하는 소망과 뜨거운 사랑을 품고 있단다.

자, 정말 그런지 우리 한번 알아볼까?

한 불우한 소녀가 있었어. 그녀는 너무 가난했고, 굶어죽기 직전에 발견돼 겨우 목숨을 건진 적도 있었지. 설상가상으로 제2차 세계 대전이 일어나 굶주림에 허덕여야 했단다. 그때 한 구호단체가 그녀에게 구호품을 전달했는데 그 단체의 이름은 국제연합 아동구호기금 UNICEF이었어. 소녀는 그 단체에서 주는 빵을 먹으며 위기를 극복했단다. 겨우 목숨을 건질 정도의 양이었지만 그녀에게는 일평생 감사의 제목이었지. 훗날 이 소녀가 자라서 세계적인 영화배우가 되었어. 그 소녀의 이름은 오드리 헵번Audrey Hepburn이야. 지난 세기 스타 중의 스타였단다.

그녀는 1929년에 태어나 출중한 미모를 자랑하며 인기 배우로 활동했단다. 은퇴 후에는 아프리카 난민구호 사업가로 활약하다가 1993년 65세의 나이로 세상을 떠났지. 49킬로그램의 몸무게, 20인치의 가는 허리를 65세 나이까지도 유지할 수 있었던 비결은 어릴 적 가난 때문에 겪었던 절제와 그녀의 철저함 때문이었단다.

어느 날, 오드리는 스티븐 스필버그 감독의 작품 「영혼은 그대 곁에」에서 천사 역으로 출연하면서 정말 천사가 되었어. 유니세프 친선대사를 자청해서 봉사를 하기 시작한 것이지. 아름답던 얼굴에 주름살이 생기고 늙어갔지만, 누구도 이 여배우의 모습이 초라하다고 생각하지 않았어. 오히려 전성기보다 더욱더 빛나보였지. 1992년 소말리아에서의 그녀를 보고 많은 사람들은 감동을 받았고, 그녀의 홍보덕에 도움의 손길도 늘어났어. 그러나 같은 해 그녀는 대장암 진단을 받았고, 1993년 1월 20일 아름다운 스위스 호수에서 사망했단다. 그녀는 소말리아에서 진정한 사랑을 발견했다고 고백했어. 마지막으로 이런 말을 남겼단다.

"절망의 늪에서 나를 구해준 것은 많은 사람들의 사랑이었습니다. 이제 내가 그들을 사랑할 차례입니다."

그녀는 세상에 사는 마지막 날까지 이 단체의 홍보대사로서 전 세계를 다니며 굶주린 어린이들을 도왔단다. 그래서 사람들은 그녀가 영화배우일 때보다 더 아름다워 마치 천사와 같다고 입을 모았지. 일평생 스타였지만 죽어서도 스타가 된 거야.

이처럼 세상을 바꾼 위대한 사람들의 인생에는 몇 가지 공통점이 있단다. 그건 크게 세 가지로 압축되지. 그 세 가지란 믿음이 주는 신뢰, 소망으로 고난을 참고 견디는 인내, 사랑으로 베푸는 배려란다. 이 세 가지를 흔히 한문으로는 '신망애信望愛'라고 한단다.

나는 사람의 인격이 곧 능력이라고 믿어. 인격을 영어로는 캐릭터character라고 하더구나. 이 인격이란 물건으로 치면 그 물건을 구성하는 요소와 같은 거야.

그럼, 참된 스타가 되는 인격의 구성 요소는 무엇일까? 그것이 바로 이 세 가지, 즉 믿음과 소망, 사랑이란다. 물감이 풀어져 서로 엉겨 수많은 색깔을 만들어 내듯이 이 세 가지 구성 요소가 사람의 인격을 만들어 낸단다.

자, 잠시 책을 내려놓고 창가로 가서 창밖의 세상을 보렴. 세상은 총천연색으로 예쁘게 칠해져 있을 게다. 참 아름답지 않니? 근데 세상이 그렇게 예쁜 색들을 갖고 있는 건 다 빛이 있기 때문이야. 사물의 색은 빛의 어느 색을 반사하고 어느 색을 흡수하느냐에 따라 결정되는 거야. 빛이 없으면 아무런 색깔도 가질 수 없어. 빛이 하나도 없는 캄캄한 암실에서는 아무것도 보이지 않잖아.

우리가 보기에 빛은 아무 색깔도 가지고 있지 않은 거 같아. 그래서 빛은 백색광이라고도 불리지. 하지만 빛을 프리즘에 통과시켜 보면 일곱 빛깔 무지개가 보인단다. 백색처럼 보이는 빛은 사실 일곱 가지 무지개 색깔이 하나로 합쳐져 있는 거야. 인격도 빛과 같아. 훌륭한 인격은 겸손하고 착하기 때문에 아무 색깔도 없는 것 같고 잘 드러나지도 않아. 하지만 빛이 그 안에 일곱 가지 무지개 색깔을 가지고 있는 것처럼 참된 인격은 그 안에 믿음과 소망과 사랑을 갖고 있단다.

사람의 눈은 세 가지 색을 볼 수 있어. 빨강, 파랑, 초록이지. 그걸 빛의 삼원색三原色이라고 해. 인간은 그 세 가지 색을 볼 수 있기 때문에 그 색을 조합한 다채로운 다른 색들을 볼 수 있는 거야. 사람의 눈이 몇 가지 색이나 볼 수 있는 줄 아니? 약 1만 7,000가지나 된다고 해. 세 가지 색이 합쳐져서 이토록 다채롭고 아름다운 세상을 만들 듯 우리의 인격도 믿음, 소망, 사랑이 합쳐져 더욱 깊이 있고 성숙해지는 거란다. 다시 한 번 얘기할게. 세상의 빛이 되는 사람은 훌륭한 인격을 갖고 있단다. 그리고 그 인격 속에는 반드시 삼원색과 같은 믿음과 소망과 사랑이 담겨 있다는 점을 꼭 잊지 말기 바란다.

내가 지금까지 너희들에게 쓴 편지들이 성공에만 너무 초점을 맞추었던 건 아닌가 하는 생각이 들어. 그래서 혹시 너희들이 모든 성공을 세속적인 기준에만 맞출지도 모른다는 걱정이 드는 거야. 그래서 이번에는 인생을 살아가는 데 꼭 필요한 마음과 인격을 이야기해주려고 해. 어떤 이는 이것을 인생수업이라고 말하기도 하지. 나는 너희들이 이 인생수업을 통해 인격의 기본이 되는 믿음과 소망, 사랑을 재료로 세상을 더 나은 곳으로 바꾸는 스타들이 되기를 바란다.

특히 너희들은 지금 '제2의 탄생기'라고 부르는 사춘기를 보내고 있어. 이 시기에 거의 대부분의 인격이 형성되지. 그리고 그렇게 형성된 인격이 평생을 가는 법이야. 이 시기 너희들이 공부하기도 바쁜데 인격이나 캐릭터의 문제까지 고민하는 것은, 어떻게 보면 알을 깨는 진통이 될 수도 있겠지만 "줄탁동시(啐啄同時, 병아리가 안에서 쪼고 어미 닭이 밖에서 쪼듯 스스로의 노력과 스승의 가르침이 어우러져야 한다는 뜻)"란 말이 있듯이 너희들이 알을 깨려고 해야 세상도 너희들을 도와줄 수 있단다.

최근 미국 경제지 『포브스』는 '대변혁'을 주제로 한 특집기사에서 1950년 이후 세상을 변화시킨 15인을 선정 발표했단다. 너희들보다 윗세대의 이야기지. 그들은 모두 인생에서 믿음, 소망, 사랑을 최우선으로 두고 모든 판단과 결정을 내렸다는 공통점이 있단다.

예를 들면, 1989년에 '팀 버너스 리'라는 사람은 컴퓨터 간의 정보를 통합하고 교환할 수 있는 월드와이드웹www 기술을 개발해 인터넷 시대의 문을 열었지. 그는 무료로 월드와이드웹을 공개했고 상업적 이득을 얻기 위한 특허도 내지 않았어. 이후 월드와이드웹은 정보의 생산과 소비양식을 완전히 뒤바꿨단다.

프랜시스 크릭과 제임스 왓슨은 1953년에 DNA 이중나선구조를 발견했어. 이들의 발견은 과학사상 가장 눈부신 업적 중 하나로 기록됐지. 그들은 그 발견으로 노벨상도 받았어. 하지만 사실 이들의 발견은 로잘린드 프랭클린이라는 과학자의 정확한 자료와 사진이 없었으면 불가능한 일이었어. 그러나 프랭클린은 자신의 자료와 사진이 어떻게 이용됐는지도 모른 채 불우한 인생을 살다가 서른일곱 살이라는 젊은 나이에 난소암으로 죽고 말았어. 하지만 그녀는 죽는 순간까지 연구를 멈추지 않은 위대한 과학자였단다. 마지막까지 자신의 인생을 인류의 과학 발전에 바친 거야.

나는 너희들과 함께 『포브스』가 선정한 위대한 15인을 중심으로 세상을 바꾼 다른 많은 위대한 위인들의 삶을 살펴보고자 해. 그들은 모두 믿음과 소망, 사랑의 삶을 추구하며 가치 있는 인생을 살았던 사람들이란다.

너희들이 그들의 삶을 통해 아름다운 마음과 인격이 어떤 것인지 배웠으면 한단다. 그래서 너희들도 그들처럼 믿음과 소망과 사랑의 가치들을 하나씩 하나씩 짚어가면서 이 세상을 비추는 따스하고 밝은 한 줄기 빛이 되기를 바란다.

2008년 7월

김재헌

차례

01
믿음은 세상을 바꾼다

결국 진실이 이긴다

"인생에도 경영이 필요하다."

이게 무슨 말이냐고? 그러니까 기업에만 경영이 필요한 게 아니라 우리의 삶에도 경영이 필요하다는 말이야. 다시 말해 기업가가 기업을 경영하듯 우리도 우리의 인생을 경영해 나가야 한다는 뜻이지. 하나님도 세상을 경영하고 계신단다. 이렇게 말하면, "하나님이 경영자라니요?" 하면서 깜짝 놀라 눈을 동그랗게 뜨고 반문할지도 모르겠구나. 하지만 정말 그렇단다. 성경의 에베소서 1장 9절을 보면 "하나님이 자신의 경륜(經綸, 일정한 포부를 가지고 경영함)에 따라 세상을 다스리고 있다"고 씌어 있어.

하나님이 세상을 경영하고 기업가가 기업을 경영하듯 우리는 우리의 인생을 경영하는 거야. 어쩌면 너에게 경영이란 말이 너무 거창하고 어렵게 들릴지도 모르겠구나. 그냥 좀 쉽게 생각해도 돼. 경영이란 그냥 되는 대로 막 사는 게 아니라 계획을 세워서 하나하나 목표한 것들을 이루어가는 걸 말하지. 따라서 경영은 대학에서 경영학을 전공하거나 기업을 이끄는 사람들만 배워야 하는 것이 아니란다. 즉, 우리 역시 우리 인생의 경영자란 뜻이야. 한 사람의 인생도 기업처럼 목표를 세우고 그 목표를 달성하기 위한 계획을 세우고 그 계획을 실행해 나가는 일을 연속적으로 해야만 성공이라는 종점에 이른다는 뜻이란다.

그렇다면 우리는 어떻게 인생을 경영해야 할까? 내가 배우게 된 사실은 위대한 경영자는 남다른 경영 원칙을 갖고 있다는 거야. 그러니 사춘기를 보내는 너희들도 인생 경영을 위해 나름의 경영 원칙을 세워야 해.

그럼, 가장 중요한 경영 원칙은 무엇일까? 그건 바로 올바른 가치관과 진실에 대한 믿음이란다.

모든 일은 믿음을 갖는 것에서부터 시작해야 해. 믿음은 그 일에 대한 당위성이야. '꼭 그 일을 해야만 한다'는 사명감 같은 것이지. 그것이 우리에게 동기를 부여한단다. 정의에 대한 믿음, 사랑에 대한 믿음, 원칙이 항상 이긴다는 믿음을 끝까지 유지해야 해. 만약 '믿음'을 가진다는 것이 무슨 뜻인지 모르겠다면 그 반대말인 '불신'이 무엇을 의미하는지 생각해보면 이해가 빠를 거야. 한 사람이 인생을 살아가면서 그 마음에 믿음보다 불신이 가득하다면 그 사람의 종말이 어떨지는 불을 보듯 뻔할 거야.

그러니 너의 인생 목표는 무엇보다 진실이 이긴다는 믿음에 근거해야 한다는 것을 명심하기 바란다. 진실만이 우리의 삶을 부유하게 하며 진실만이 항상 이긴다는 사실을 믿어야 해. 당장은 위선이나 거짓이 이기는 것처럼 보일 수도 있어. 하지만 결국에는 진실이 이긴단다.

우리가 인생을 마음대로 경영할 수 있는 건 자유의지를 갖고 있기 때문이야. 인간이 자유의지를 갖고 있다는 것은 다 알고 있지? 자유의지란 누군가의 꾐에 넘어가고 안 넘어가고는 자신의 의지에 달려 있다는 말이야. 예를 들어 누군가가 우리에게 맛있는 마시멜로 하나를 주고 갔어. 그러면서 15분 동안 마시멜로를 먹지 말고 있으라는 부탁을 했다고 치자. 그렇게 하면 보상으로 마시멜로를 하나 더 주겠다면서 말이야. 그때 마시멜로를 당장 먹을 건지 15분 후에 먹을 건지 결정하는 건 네 자유의지에 달려 있단다.

우리는 살아가면서 마시멜로를 지금 당장 먹을 건지 15분 후에 먹을 건지 결정해야 할 상황에 수없이 처하게 된단다. 그때마다 신중하고 현명한 판단을 내려야 해. 길거리에 떨어져 있는 지갑을 주워 그것을 주인에게 돌려줄 것인지 아니면 "야홋! 이게 웬 횡재냐!" 하고 쓰느냐는 오로지 네 의지에 관한 문제란다. 그런 선택과 판단들이 모여 우리의 인생이 만들어지는 것이지. 그런데 선각자들이 가르쳐 주는 지혜는 무엇이냐면, 그 지갑을 탐내는 사람은 결국 비참하게 되고 그것을 주워 주인에게 돌려주는 사람은 성공한다는 거야. 그러한 결정을 내리도록 돕는 것은 바로 올바른 가르침이란다. 이 글은 너희들이 그러한 결정들을 내려야 할 때, 보다 쉽게 그리고 당연하게 그런 판단과 결정을 내리도록 돕는 글이 되면 좋겠구나.

큰 결과를 위해 작은 욕심을 버리자

어릴 때부터 눈앞의 작은 이익에 욕심을 내는 것부터 배운 사람은 얻을 수 있는 보다 더 큰 것들을 놓치는 경우가 많이 있단다. 이것을 깨닫고 내 몸에 습관처럼 되도록 만드는 것이 인격을 만들어 가는 과정이지.

자, 여기에 자신의 신념과 믿음을 지키며 인생을 산 사람을 소개할게. 이 사람은 모든 사람들이 평등하게 정보를 공유하는 세상을 만들고 싶었어. 그래서 그 신념에 따라 자신의 기술을 공짜로 전 세계 사람들에게 공개했단다. 이는 루터의 종교개혁과 구텐베르크의 금속 활판 인쇄술의 발명에 버금갈 만한 획기적인 일이었어. 바로 인터넷의 시작과 확산이었지.

전 세계 인터넷 사용자는 2007년 7월 기준으로 약 12억 명에 달한다고 해. 이제는 뉴욕, 파리, 홍콩, 서울 같은 대도시뿐만 아니라 아프가니스탄의 저 먼 시골 산간벽지까지 인터넷망이 뻗어 있어. 한국에도 7세 이상 인터넷 사용자가 3,300만 명에 달한다고 한다. 사람들은 이제 인터넷 없는 세상을 상상할 수도 없지.

사람들은 인터넷을 통해 쉽고 간편하게 세계 곳곳에서 무슨 일이 일어나고 있는지 한눈에 알 수 있어. 하지만 인터넷이 처음부터 쉽고 편리했던 것은 아니란다.

인터넷이 처음 나왔을 때는 사용하기가 너무 까다로워서 몇몇 전문가들이 이메일을 주고받는 정도가 고작이었어. 지금처럼 월드와이드웹www이 없다 보니 정보를 한곳에서 볼 수도 없었고. 그런데 그런 문제를 해결하고 인터넷의 문을 활짝 열어준 사람이 나타났어. 그가 바로 팀 버너스 리야. 그는 '월드와이드웹의 아버지'라고 불리지.

팀은 영국 런던의 과학자 집안에서 태어났어. 그의 부모가 맨체스터 대학의 컴퓨터 개발팀에서 근무했기 때문에 어린 시절부터 컴퓨터와 가깝게 지낼 수 있었지. 그는 마분지로 장난감 컴퓨터를 만들어 놀았고 이후에는 텔레비전과 여러 부품들을 이용해 진짜 컴퓨터를 만들기도 했어. 한마디로 말해 컴퓨터 박사라 할 수 있지. 대학을 졸업한 뒤에는 유럽 원자핵 공동연구소에서 일했어. 그는 그곳에서 일하면서 "각자 동떨어져 있는 컴퓨터를 어떤 고리로 연결할 수 있다면 컴퓨터는 막강해질 텐데." 하는 생각을 했어. 그 생각은 곧 세계 여러 나라의 서로 다른 언어를 사용하는 과학자들이 쉽게 정보 공유를 할 수 있는 글로벌 히이퍼텍스트 공간 개념으로 구체화됐지. 그리고는 그 개념을 현실화시켰어. 드디어 1990년 11월 3일 인터넷에서 각종 자료들이 서로 연결된 거야. 바로 월드와이드웹이 탄생한 순간이지!

그는 특허출원을 하라는 주변의 권고와 수많은 상업적 제의를 물리치고 1991년에 월드와이드웹 아이디어를 전 세계에 무료로 공개했어. 많은 사람들이 이상하게 생각했단다. 돈벌이가 되는 일을 포기하니까 말이야. 팀은 그 이유를 이렇게 말했어.

"인터넷 안에서 월드와이드웹을 사용하면 컴퓨터 하나만 가지고도 지구만한 크기의 엄청난 정보공간을 사용할 수 있게 됩니다. 그러면 가난해서 책을 사볼 수 없는 사람도 자신에게 필요한 정보를 찾아서 유용하게 사용할 수 있을 겁니다."

그는 인터넷에서 월드와이드웹을 소수의 몇몇 사람들만 사용하게 하고 싶지 않았어. 그럼 정보의 독점이 생길 테니까 말이야. 그는 기술을 여러 사람이 똑같이 나누어 써야 한다고 생각한 거야. 그렇게 해서 인터넷은 오늘날 전 세계 사람들의 사랑을 받는 정보의 바다가 되었지.

어떻게 이런 결정을 내릴 수 있었을까? 그가 성자나 현자도 아닌데 어떻게 온 세상의 절반이라도 움켜쥘 수 있는 이익을 포기하고 그것을 공개하게 되었을까? 나는 그가 소탐대실小貪大失, 즉 '작은 것을 탐하다가 큰 것을 잃어버리는 오류'를 범하지 않았다고 생각해. 물질이라는 작은 것을 탐내기보다는 인류를 위해 봉사한다는 더 큰 대의를 택했다는 것은 그야말로 21세기의 성자가 아닐까?

신념대로 사는 것이 가장 멋진 삶이다

월드와이드웹은 공개되자마자 폭발적인 인기를 얻었어. 팀 버너스 리가 돈을 벌겠다고 마음만 먹었다면 아마 떼돈을 벌어 억만장자가 됐을 거야. 한 사람당 1달러의 이용료만 받더라도 천문학적인 수입을 올렸을 테니까 말이야. 어쩌면 빌 게이츠보다 더 큰 부자가 됐을지도 모를 일이란다. 팀의 아이디어를 모방한 마크 앤드리슨만 해도 웹 브라우저인 '모자이크'를 만들어 웹 시스템을 제공한 것만 가지고도 백만장자가 됐으니 말이야. 하지만 팀은 원래 자신의 믿음대로 더 이상 욕심을 부리지 않고 1994년 MIT대학으로 돌아가 묵묵히 학자의 길을 걸었단다. 지금도 그는 조용히 인터넷의 발전을 이끌고만 있단다. 이처럼 겸손한 그의 행동은 오늘과 같은 물질 중심 사회에서 더욱 빛이 나는구나.

난 팀처럼 자기가 옳다고 생각하는 것을 끝까지 밀고 나가는 것을 신념이라고 생각해. 하지만 불행하게도 오늘날 많은 사람들이 자신의 신념과 상관없는 행동을 하고 있어. 어떤 경우에는 이익에 눈이 멀어 자신의 신념과는 정반대되는 길을 가기도 한단다. 그러다 보니 자신의 신념대로 인생을 살고 있는 팀의 모습이 성직자처럼 숭고해 보이기까지 하는구나.

팀 버너스 리는 2004년에 영국 엘리자베스 여왕으로부터 대영제국의 기사 작위를 받았어. 기사 작위 중 두 번째로 높은 '나이트 커맨더' 작위야. 같은 해에 『타임』이 선정한 '20세기 위대한 지성 100인'에 오르는 영광도 누렸단다. 또한 핀란드 정부가 제정한 제1회 밀레니엄기술상도 받았어. 2005년에는 '2004 위대한 영국인'에 선정되기도 했지.

팀이 자신의 신념대로 단 한 푼의 이익도 챙기지 않은 채 기술을 무료로 공개한 데 대한 공을 인정받은 셈이지. 난 그를 보면서 성자의 길은 꼭 종교인만이 가는 것은 아니라는 생각이 들었어. "우리는 모두 자신의 재능을 통해 인류에 봉사해야 한다"는 보다 차원 높은 가치를 가질 필요가 있다고 생각해. 왜냐하면 내가 지금 누리고 있는 많은 혜택들은 모두 선조들이 이루어 놓은 업적들이기 때문이지.

난 너희들이 이처럼 눈앞의 작은 이익보다 더 큰 것, 즉 전 인류와 함께 더불어 살고 있는 공동체를 먼저 생각하는 사람이 되기를 간절히 바란다. 그런 사람이 더 가치 있고 풍요롭고 행복한 인생을 사는 거란다.

슈바이처 박사나 장기려 박사 같은 분만 희생을 할 수 있는 게 아니야. 팀 버너스 리는 기술자나 개발자도 얼마든지 사회적인 약자들, 특히 가난한 사람들을 위해서 무료로 시스템이나 프로그램을 제공할 수 있다는 걸 보여줬단다. 앞으로 많은 사람들이 그를 귀감으로 삼았으면 좋겠어.

진리가 우리를 자유롭게 한다

성경의 요한복음 8장 32절을 보면 "진리를 알게 될 것이요, 진리가 너희를 자유롭게 할 것이나"라는 구질이 있어. 진리를 안다는 건 참 중요한 일이야. 진리를 모르면 미신에 빠지거나 남에게 학대나 착취를 당하게 돼. 과거에는 권력을 가진 몇몇 사람들이 진리를 감추거나 자신의 이익을 위해 진리를 왜곡하기도 했어.

진리가 담긴 정보를 독점하고 있었기 때문에 가능한 일이었지.

종교계에서도 그런 일이 있었단다. 오늘날에는 누구나 원하면 언제든 성경책을 읽고 묵상할 수 있어. 그건 우리가 숨 쉬는 것처럼 너무나 당연한 일로 여겨지지. 하지만 그건 모두 종교개혁을 이끈 마틴 루터의 공이 있었기 때문이야. 그전까지는 성경을 해석하는 일을 교회의 성직자가 도맡아 했고 일반인은 성경책이 너무 비싸서 소장할 수도 없었단다. 게다가 당시의 가톨릭 교회는 교황만이 신의 말씀을 전할 수 있다고 믿었어.

그러다 보니 일반인들은 교회에 가서 성직자가 하는 설교를 듣고 무조건 따를 수밖에 없었지. 그때까지만 해도 라틴어로 된 성서를 보는 일은 신부나 수도사 등과 같은 성직자의 특권이었어. 평신도들은 이처럼 성직자를 통해서만 성경의 가르침을 접할 수 있었지.

성직자들은 그 점을 이용해 면죄부를 팔았어. 면죄부란 돈을 내고 현세에서 받아야 할 징벌과 고행을 면제받는 것을 말해. 그 면죄부는 교황만이 줄 수 있었지. 면죄부는 처음에는 현세에서 받아야 할 벌을 대신하거나 고행을 대신하는 것이었다가 나중에는 연옥에 있는 가족들의 죄까지도 대신할 수 있게 됐어. 교황청의 재정이 부족하니까 자꾸 면죄부 판매에 의존하게 된 거야. 그러다 보니 면죄부의 영역도 넓어져 간 거고. 면죄부 판매는 사람들의 탐욕과 공포심을 이용한 속임수였어.

루터는 성직자들이 성경을 독점하고 면죄부를 파는 건 옳지 않다고 여겼어. 그래서 그는 '진리를 이끌어낼 목적으로' 1517년 10월 31일 비텐베르크의 만인성자 교회의 문에 「면죄부에 관한 95개조 논제」라는 반박문을 붙였어. 그날은 '모든 성인의 날' 대축일 전날 밤이었고 그곳에서는 성인들의 유물이 전시돼 있었지. 바로 그날 종교개혁이 시작된 거야. 루터는 그 반박문에서 만약 성서에 이러한 95가지 조항이 있다면 자신과 함께 토론하자고 제안했어.

하지만 당시 가톨릭 교회는 95개의 반박문에 한 마디도 답변을 하지 않았단다. 왜냐하면 면죄부 판매는 성경에 명시적으로 기록돼 있지도 않은 거짓이었기 때문이지. 루터는 성경을 통해 이러한 자신의 믿음을 세웠어.

믿음은 자신의 신념을 형성한단다. 루터의 신념은 사람들을 혼란에 빠지게 하는 거짓을 타파해서 이들에게 옳은 길을 가르쳐야 한다는 책임감이었지.

홍익인간, 사람을 배려하는 사람이 되자

우리나라의 시조라고 할 수 있는 단군조선의 건국 이념이 뭐였는지 아니? 홍익인간弘益人間이었다는 것을 알고 있을 게다. 단군조선은 '사람을 널리 이롭게 하는 것' 즉, 홍익인간이 나라의 이상이며 삶의 이상이라고 가르친 지구 역사상 유일한 나라로, 자그마치 4,000여 년간을 이어온 국가란다. 이 홍익인간의 정신은 동서고금을 막론하고 적용돼야 할 중요한 이상이란다. 나는 앞에서 말한 팀 버너스 리나 마틴 루터 같은 사람이 위대한 인물이 될 수 있었던 것은 이러한 이상에 충실했기 때문이라고 생각해.

그날 루터는 반박문에서 "가톨릭 교회가 신자들에게 그릇된 것을 믿으라고 가르치고 있다. 가톨릭 교회는 신이 원하는 것이 무엇인지 모른다"고 비판했는데, 그것은 그야말로 정통 가톨릭의 정곡을 찌르는 강도 높고 날카로운 비판이었지. 더 나아가 그는 "평신도라도 성직자들의 도움 없이 스스로의 눈과 머리로 성경을 읽으면 신의 말씀을 알 수 있다"고 주장했어. 이러한 그의 생각은 널리 사람을 이롭게 하는 것이 하늘의 뜻이라고 보았던 단군조선의 건국 이념과도 일맥상통하지.

루터 덕분에 사람들은 "인간은 누구나 성직자의 자격을 갖고 있다!"라고 인식하기 시작했어. 또한 그는 "하나님은 인간이 고행을 하지 않아도 진정으로 회개만 하면 언제든지 죄를 용서해 주신다"고 말했어. 루터의 주장대로라면 굳이 면죄부를 살 필요가 없었지. 물론 성경에도 면죄부 같은 건 있지도 않았고 말이야. 그 덕에 루터는 가톨릭 교회가 암살해야 할 가장 유력한 인물에 올랐지.

"인간의 구원은 그 행위가 아니라 신에 대한 믿음을 통해 결정된다."

그 깨달음의 순간, 루터는 종교개혁을 결심했다고 해. 루터는 신의 계시를 화장실에서 받았는데, 그때부터 악마와 싸울 때는 배설물을 무기로 사용하는 독특한 표현을 썼대. "악령 따위는 한 방의 방귀로 물리칠 수 있다"고 장담하면서 기세 좋게 외쳤다는 거야.

아무튼 그가 일으킨 종교개혁의 핵심은 성직자들이 독점하던 성경 말씀을 모든 사람들이 평등하게 공유하도록 만드는 일이었지. 그 정신은 월드와이드웹을 만들어 전 세계에 무료로 공개한 팀 버너스 리의 마음가짐과 같은 것이라고 보아야 한단다. 즉 '홍익인간'의 정신 말이야.

믿음을 품은 사람은 영원히 기억된다

루터의 업적 중에는 성경을 모든 사람들이 읽을 수 있는 '열린 성경'으로 만들었다는 점도 있단다. 이전까지 성경은 성직자들의 전유물이었고 일반인들에게는 접근하기조차 어려운 '닫힌 책'이었지. 더군다나 일반인들은 배우지 못해 읽지도 못하고 쓸 줄도 모르는 라틴어로만 기록이 전해졌기 때문이지.

또 인쇄술이 발달하기 이전 '필사본' 시대였기에 성경은 보통 사람들이 살 엄두도 낼 수 없는 고가품이었단다. 책을 베끼는 일을 하는 사람을 필경사라고 해. 필경사 한 명이 성경 한 벌을 베껴 쓰는 데는 길게는 5개월이 걸리기도 했단다. 그러니 성경이 얼마나 비쌌겠어. 또한 양피지로 만든 성서는 한 벌을 만드는 데 양 500마리나 필요했다고 해.

그런데 인쇄술이 발달하고 종이가 개발된 후에도 일반인들은 성경을 읽을 수 없었어. 그건 성경이 라틴어로 씌었기 때문이야.

루터는 모든 크리스천이 성경을 읽어야 하고 성경을 공부해야 한다고 생각했어. 하지만 당시 가톨릭 교회 지도자들은 독일에서 독일어 성경을 인쇄하는 것을 엄격히 금지시켰단다. 독일어는 성경의 오묘한 진리를 드러내는 데 부적합한 언어라고 생각했기 때문이야.

이에 루터는 독일 사람들의 사랑을 받을 수 있는 독일어 성경을 만들겠다고 결심했단다. 그런 그의 결심은 당시에는 위험을 자초하는 일이었어. 하지만 그는 위험을 무릅써가면서도 자신의 신념대로 했어. 그건 말 그대로 순교의 각오가 없으면 안 되지.

1521년 독일 황제 카를 5세는 루터를 범죄자로 정죄하는 '보름스 칙령'을 선포했어. 루터는 무슨 일을 당할지 알 수 없는 위기 상황에 처하게 됐지. 하지만 그런 와중에도 그를 돕는 사람이 있었단다. 작센 주의 선제후 프리드리히는 '납치극'을 벌여 루터를 자신의 영지 바르트부르크 성채로 피신시켰어. 루터는 이곳에서 가명을 쓰고 머리와 수염을 길게 길러 변장을 한 재 10개월 동안 도피생활을 했어. 그는 그 도피생활 중에 성경 번역을 완성한단다.

루터에게 그 기간은 엄청난 시련기였지. 그러나 그는 나중에 그 기간이 하나님께서 베푸신 은총의 시간이었다고 고백했단다. 하나님은 말씀하신단다. "몸은 죽일지라도 영혼은 죽이지 못하는 자를 두려워하지 말고, 영혼도 몸도 둘 다 지옥에 던져서 멸망시킬 수 있는 분을 두려워하여라(마태복음 10장 28절)"고 말이야.

신념대로 살다 보면 때로 고난을 당할 수도 있어. 손해도 보게 되고 사람들에게 따돌림을 당할 수도 있어. 하지만 결코 신념을 저버려서는 안 된단다. 난 너희들이 눈앞의 작은 이익에만 급급해하는 소인배가 아니라 자신의 신념을 지키며 많은 사람들에게 유익을 끼치는 사람이 되기를 바란다. 그러한 삶이 너희의 인생을 보람 있게 할 거라고 믿어. 이 세상에 잠시 살면서 자신의 사리사욕만 좇다가 흔적도 없이 사라지지 말고 영원히 기억되는 사람이 되기를 진심으로 바란다.

사람들은 말하지. 우리가 평생 추구하는 것이 명예와 물질과 권세라고 말이다. 그런데 이 세 가지를 항상 다 가질 수는 없단다. 만약 너희들이 살아가다가 이 세 가지 중 하나를 택해야 할 상황에 놓인다면 당연히 명예를 택해야 한다는 것을 알기 바란다.

그 이유는 부와 권세는 네가 죽는 순간 사라지지만 너의 명예는 죽어서도 영원하기 때문이란다. 명예를 얻으려면 당연히 너는 많은 사람들을 유익하게 하는 사람으로 살아야 해. 그것이 네가 일평생 간직해야 할 중요한 이상이란다.

팀 버너스 리
Tim Berners-Lee
1955~

월드와이드웹www의 창시자. 유럽 원자 핵공동연구소의 분자물리학 실험실에서 소프트웨어 개발자로 일하면서 컴퓨터들 간의 정보를 통합하고 교환할 수 있는 방법을 모색했다. 그 결과 탄생한 것이 바로 '월드와이드웹'이다. 그는 수많은 상업적 제의에도 불구하고 이 기술을 무료로 공개했다. 그래서 누구나 문자, 음향, 동영상까지 쉽고 간편하게 전송할 수 있게 되었다. 월드와이드웹 이후 인터넷 주소 체계인 URL 등으로 발전했다.

마틴 루터
Martin Luther
1483~1546

독일의 종교개혁자이자 신학자. 「면제부에 관한 95개조 논제」를 발표해 교황에 맞섰다. 이는 큰 파문을 일으켰고 종교개혁의 발단이 됐다. 그는 신학의 근거를 예수 그리스도를 통한 신의 철저한 은혜와 사랑에 두었으며,. 인간은 이에 신앙으로 응답해야 한다고 강조했다. 라틴어로 씌어 있던 신약 성서를 독일어로 번역했다.

02
믿는 대로 이루어진다

작은 생각이라도 현실로 만들어라

나는 경북 영덕에서 태어나 우리나라 최대의 항구도시인 부산에서 자랐단다. 어린 시절을 바닷가에서 보낸 셈이지. 그 덕에 하루에도 수십 번씩 울리는 뱃고동 소리를 들으며 아련한 노스탤지어(Nostalgia, 영원한 세계를 그리는 향수)를 느끼곤 했지.

부산에는 동아시아에서 가장 큰 컨테이너 물류기지가 있어. 하루에도 수천 척의 컨테이너선이 전 세계에서 오가는 걸 보고 있으면 마치 우리나라가 세계의 중심인 것 같은 착각이 들 정도란다.

나는 어린 시절 컨테이너를 보면서 '저렇게 유용한 컨테이너를 누가 만들었을까?' 궁금했어. 그러던 차에 『포브스』가 선정한 '세상을 바꾼 15인' 중에 컨테이너 개발자가 있는 걸 보고 깜짝 놀랐어.

말콤 맥린은 물류계의 거물로 불린단다. 그는 트럭 운전수로 일하면서 운송이 늦어지는 문제 때문에 항상 고민을 했지. 그래서 화물을 싣고 내릴 때마다 이런 생각을 했단다.

'부두의 크레인이 트럭의 트레일러 부분을 통째로 들어 올려 선박 위로 옮겨놓을 수 있다면 매우 효율적이고 비용도 절감될 텐데.'

그의 생각은 점점 상상을 넘어서 구체화되어 갔단다. 하지만 그렇게 하려면 먼저 해결해야 할 조건들이 몇 가지 있었어. 바로 표준화였단다. 그 생각을 시작한 첫날부터 그는 관찰을 시작했지. 트럭을 모는 틈틈이 트레일러에 실린 짐을 일괄적으로 모아 한꺼번에 들어 올려 짐을 실을 구상을 했단다. 명심하렴! 사물을 허부루 보지 않고 의문을 가지고 항상 질 관찰하면 위대한 발견을 할 수 있다는 것을 말이야.

그는 수많은 관찰과 실험 끝에 결국 트럭 트레일러 디자인을 표준으로 정하면 자신의 생각대로 될 수 있겠다고 생각했지. 그리고 생각을 더 발전시켜 고객들이 맡기는 많은 종류의 짐들을 처음부터 하나의 궤짝과 같은 틀 안에 집어넣으면 화물도 안전하게 보관할 수 있고 들쑥날쑥한 짐도 차곡차곡 쌓으면서 훨씬 더 많이 배에 짐을 실을 수도 있을 것 같다는 결론에 이르렀단다.

그렇게 고민에 고민을 거듭한 끝에 결국 그는 컨테이너라는 규격화된 철제 용기를 만들게 되었고 궤도차와 선박화물에 그대로 적용시켜 선적 속도를 배가시키게 됐단다.

작은 관찰과 아이디어에서 시작된 이 위대한 혁명은 마침내 1956년 뉴저지에서 최초의 컨테이너선이 출발함으로써 구체화되었단다. 이때부터 세계 해양물류 운송의 혁명이 시작된 거지. 이 혁명에 불을 붙이는 사건이 역사상에 일어나게 됐단다. 10년 뒤 베트남전쟁이 일어난 거야. 전쟁이 일어나면 군수물자를 많이 조달해야 하는데, 문제는 속도와 안전이었지. 그런데 컨테이너는 이 두 가지 요구를 가장 잘 충족시키는 작품이었단다. 결국 그 효용성이 더욱 크게 입증되면서 그의 아이디어는 세계 표준으로 자리 잡게 되었단다.

그전 제2차 세계대전 때 이미 첫 번째 해상물류 운송의 혁명이 일어났어. 특히 노르망디 상륙작전에서 그 변화가 돋보였단

다. 연합군은 노르망디에 상륙할 때 어떻게 군인과 군수물자를
실어 나를지 연구했거든. 그 결과 큰 군함 속에 상륙정이라는 배
를 싣고 가서 컨테이너를 하역하듯 해변으로 침투시키는 방법을
고안해냈지. 이 방법은 아주 효과적이었어. 이후 6.25때 인천상
륙작전에서도 그대로 적용된단다. 하지만 그때만 해도 말콤 맥
린이 고안한 컨테이너 운송 방법은 상상할 수도 없었지. 왜냐하
면 제2차 세계대전이 끝난 뒤 언제 그랬느냐는 듯 다시 예전 방
식으로 운송했기 때문이야. 그러던 중 1950년대에 들어서면서
전쟁 때 채택했던 운송 방식이 다시 경영에 도입됐단다.

　미국에서는 새로운 운송 방식을 많이 응용했지. 그러다 보니
신참자인 말콤 맥린에게도 새 아이디어를 실험해볼 수 있는 기
회가 주어졌던 거야.

　그의 생각은 아주 간단했어. 제2차 세계대전 때 만든 탱크를 개
조한 '아이디얼 X'라는 선박의 갑판에다가 많은 금속제 상자(컨
테이너)를 나란히 싣고 운항하는 것이었지. 이 선박은 1956년 4월
26일에 뉴욕 항을 출항해 텍사스 휴스턴으로 향했단다. 이 출항
을 눈여겨본 사람은 많지 않았어. 하지만 이 출항은 세계 해운업
계에 혁명을 불러온 첫 신호탄이었지.

'아이디얼 X'는 컨테이너 혁명의 효시였다고 해도 과언이 아니야. 이 선박이 제공한 설계 개념을 도입한 '게이트웨이 시티'가 준비됐거든. 이 선박도 탱커를 개조한 거야. 이 선박은 갑판 위뿐만 아니라 선실 안에도 컨테이너를 적재할 수 있도록 한 최초의 풀 컨테이너 선박이었단다. 정말 대단하지 않니?

그후 컨테이너화가 급속하게 진전됐단다. 10년도 되지 않아 대형 정기선 회사들은 보유 선박을 컨테이너선으로 개조할지 선박을 새로 만들지 결정해야 할 정도였어. 세계 해운업계가 역사상 그렇게 단시간에 그 정도로 급격한 변화를 강요당한 적은 일찍이 없었다고 해.

세계 유수의 항만들도 시설장비는 물론 운영제도 전반을 재검토하지 않을 수 없었어. 세계 해운업계의 새로운 추세를 받아들일 수밖에 없었지.

어떻게 이런 혁명이 일어났을까? 그 이유는 간단해. 컨테이너를 사용하는 것이 합리적이었기 때문이지. 컨테이너를 규격화하면 적재와 하역을 기계로 처리할 수 있어. 그럼 해상운송화물을 배에서 육지로 내리는 데 1분도 안 걸린 단다. 물론 육지에서 배에 화물을 싣는 시간도 대폭 단축됐고. 그럼으로써 화물을 싣고 내리는 물류비용을 대폭 절감할 수 있었어.

이러한 합리적인 방법은 금방 여기저기 퍼지게 되었지. 물류비용도 절감되고 시간도 단축되는 합리적인 방식이었지. 너도나도 이 방식으로 바꾸었단다. 사람들은 유익한 것을 금방 받아들인단다.

우리의 비전과 계획도 그래야 해. 다시 말해 많은 사람들에게 유익한 것이어야 해. 그래야 많은 사람들이 공감하고 동참한단다. 어떤 일을 할 때 명분과 비전만 가지고는 안 된다는 점을 명심하렴.

물류혁신은 약 25년이라는 짧은 기간 동안 급속하게 이루어졌어. 인간의 해상무역 역사 5,000년 중 가장 짧은 기간 동안 이룩한 혁명이지.

나는 그의 아이디어와 관찰 그리고 이를 구체적으로 실현해낸 이야기를 읽으면서 "믿음은 바라는 것들의 바탕이요, 보이지 않는 것들의 증거(히브리서 11장 1절)"라는 말을 실감했단다. 이 세상에 존재하는 모든 발명품은 어느 순간 한 사람의 아이디어에서부터 시작되었다는 것을 잊지 말기 바란다. 그것을 이루는 것이 믿음이요, 신념이며 비전이란다.

믿음이 신화를 낳는다

미국 토크쇼의 여왕 오프라 윈프리. 그녀는 자신의 이름을 내건 '오프라 윈프리 쇼'로 세계 1억 4,000만 시청자들의 사랑을 받는 방송인이지. 세계를 움직이는 가장 영향력 있는 인물 1위에 오르기도 했어.

한때 우리나라 텔레비전 방송에서 방영했던 '책을 읽읍시다'란 프로그램도 실은 오프라 윈프리 쇼 북클럽 코너인 '독서가 내 인생을 바꿨습니다'를 벤치마킹한 거야.

오프라 윈프리는 그 바쁜 와중에도 주일 예배와 묵상을 빠뜨리지 않는 독실한 기독교인이란다. 그러한 그녀는 자서전에서 이렇게 고백했어.

"저는 높은 곳에 계신 하나님의 부르심에 따라 인도받아요. 그것은 어떤 목소리가 아니고 느낌이에요. 반대로 그 느낌이 제대로 전달되지 않으면 저는 아무것도 하지 않아요. 기분이 언짢을 때는 성경책을 손에 꼭 쥐고 아레사 프랭클린의 '어메이징 그레이스(찬송가 405장)'를 들어요. 그리고 스스로 이렇게 묻지요. '오프라, 너는 희생자가 되려고 하니, 아니면 네 인생을 스스로 책임지려고 하니?' 그렇게 해서 마음이 정돈되면 마치 산 위로 날아오르는 느낌을 받아요."

오프라 윈프리가 처음부터 위대했던 건 아니란다. 그녀는 미국 중부 미시시피 주의 작은 마을인 코지어스코에 있는 할머니 댁에서 산파의 도움을 받아 태어났단다. 당시 그녀의 어머니는 열여덟 살이었고 결혼도 하지 않은 상태였어. 미혼모의 딸로 태어난 거지. 그녀의 이모는 성경에 나오는 인물의 이름을 따서 '올파'라는 이름을 지어주었어. 하지만 출생 신고서에 철자를 잘못 적는 바람에 오프라가 되고 말았지.

오프라는 어린 시절부터 성경 읽기를 좋아했고 여러 교회를 돌아다니며 성경을 낭송하기도 했단다. 또한 또래 친구들보다 훨씬 책을 많이 읽었어. 그래서 오프라의 반 친구들은 그녀를 '설교하는 여자'라고 부르곤 했지. 사람들은 오프라가 하는 이야기를 듣기 좋아했어. 그녀도 그 시절을 다음과 같이 말했어.

"전 여덟 살 때부터 말하기 챔피언이었어요. 모임, 연회, 교회 행사 등 어디서나 이야기를 했죠. 말하자면 순회공연을 한 거였어요."

하지만 오프라의 어린 시절은 행복하지 않았단다. 어머니는 가정부로 일하느라 바빠서 오프라를 제대로 돌봐주지 않았어. 그래서 종종 이웃과 친척들에게 오프라와 동생을 맡기곤 했어. 어머니의 관심을 받지 못한 사이, 오프라는 아홉 살 때 사촌 오빠에게 성폭행을 당했단다. 열한 살 때는 믿고 따랐던 옆집 아저씨에게 성폭행을 당했고 나중에는 삼촌에게도 성폭행을 당하고 말았어. 그건 참 견디기 힘든 일이었어. 더욱이 열네 살 때는 원하지 않은 임신까지 하고 말았지. 그녀는 엄청난 스트레스에 시달린 나머지 조산을 했고 아이는 태어난 지 2주 만에 죽고 말았단다.

오프라는 10대가 감당하기 어려운 일들을 겪어야 했어. 그녀의 인생은 정말 불행한 일들의 연속이었어. 하지만 그녀는 인생을 포기하지 않았어. 그녀는 고등학교에 다니면서 엄청 열심히 책을 읽었지. 학교생활을 열심히 했고 학생회 부회장에도 당선됐어. 그뿐만이 아니야. 그녀는 '미스 화재예방' 대회라는 미인대회에 나가서 백인 미녀들과 겨뤄 당당히 왕관을 쓰기도 했단다. 솔직하고 자신감 넘치는 그녀의 태도와 이야기에 모두들 반한 거야.

그녀에게는 행운도 찾아왔어. 고등학교에 다니던 열일곱 살 때 방송국에서 뉴스 아나운서 아르바이트를 하게 된 거야. 오프라 윈프리는 불행한 일들을 겪었지만 결코 자신의 인생을 포기하지 않았기 때문에 그런 행운들을 얻게 된 거야. 그녀는 늘 가슴속에 '언젠가 사람들에게 내가 무엇인가를 해낼 수 있다는 것을 꼭 보여주고 말 거야'라는 강렬한 소망과 뜨거운 열정을 갖고 있었지.

그녀는 자서전에서 이렇게 말했어.

"강간당하고 학대당하고 매질당하고 거부당하는 가운데 살아남을 수 있는 길은 오직 하나밖에 없었어요. 열네 살에 임신을 했고, 어머니는 생활보호 대상자였죠. 살이 쪄서 뚱뚱해지고, 인기도 떨어지는 것 같았어요. 이러한 두려움을 이길 수 있는 길은 오직 하나밖에 없었어요. 저는 오직 믿음 하나로 이 모든 고난을 헤쳐 나올 수 있었어요"

오프라 윈프리를 비판하는 사람들은 그녀가 흑인이라느니 미시시피 산골 출신이라느니 뚱뚱하다느니 마약을 했다느니 강간당했다느니 사생아를 낳은 여자라느니 하면서 불행했던 과거를 들추곤 해. 하지만 그때마다 전 세계 1억 4,000만 명의 시청자들은 오히려 더 당당하게 이렇게 말했단다.

"그 말은 모두 다 맞아. 그래서 그게 뭐 어쨌는데? 그러니까 오프라 윈프리 아냐?"

오프라 윈프리는 사람들을 향해 말했어.

"저 같은 사람도 무엇인가를 할 수 있다는 것을 보여주고 싶습니다. 그래야 저보다 더 힘든 사람들도 언젠가는 일어서지 않겠습니까? 그러니 여러분, 비난만 하지 말고 긍정의 힘으로 자신이 해낼 수 있다고 격려해보세요. 그러면 신화가 생깁니다."

그녀의 진실한 외침은 많은 사람들의 공감을 얻었어. 그녀는 책과 텔레비전 토크쇼 등을 통해 기적을 만들어가고 있단다. 결국 그녀의 믿음이 신화를 낳은 셈이지.

믿음 앞에 장벽은 없다

위대한 일을 꿈꾸는 사람은 때론 왕따를 당할 각오도 해야 한단다. 명분이 강하면 반대도 강할 수 있기 때문이다. 하지만 평가는 역사가 한단다.

1866년 7월 27일, 안개 깔린 트리니티 항,거대한 배 한 척이 나타났지. 수많은 사람들이 몰려와 2만 2,000톤이나 되는 세계 최대의 증기범선 그레이트 이스턴 호의 측면부터 살폈어. 다행히 케이블은 무사했단다.

대서양 해저 케이블이 성공적으로 가설된 거야. 하지만 언론의 반응은 시큰둥했어. 그동안 여러 번 실패했기 때문이지. 그때까지 대서양을 횡단하는 케이블을 놓기 위해 총 세 번을 실패했거든.

그중 1858년 8월 3차 시도는 모두가 성공한 줄 알았단다. 모두들 축제 분위기에 들떠 있었지. 얼마 지나지 않아 케이블은 먹통이 되고 말았어. 그로 인해 해저 케이블은 불신과 실망의 상징이 되고 말았단다.

하지만 4차가 정말 성공했을까 하는 의구심은 바로 풀렸단다. 전송속도가 이전보다 50배나 빨랐기 때문이지. 게다가 두 달 뒤에는 3차 시도에서 끊어진 케이블까지 건져 올렸단다. 그리고 속도는 더 빨라졌단다. 파산 위기에 몰렸던 전신회사도 살아났지.

하지만 사이러스 필드가 대서양 해저 밑에 케이블 선을 깔겠다고 했을 때 사람들이 얼마나 무모한 짓이라고 비웃었는지 몰라. 그런 비웃음을 받으면서도 도전해서 마침내 성공한 거야. 그래서 사람들은 그를 '도전의 사람' 이라고 부르지. 1927년 슈테판 츠바이크라는 사람이 쓴 『광기와 우연의 역사 Sternstunden der menschheit』란 책을 보면 그 당시의 이야기가 아주 자세히 나와 있단다.

그는 말했지. "인류는 불과 300년 전까지만 하더라도 돛단배의 빠르기를 속도의 기준으로 삼았을 뿐"이라고. 그런데 그 시절에 빛의 속도로 움직이는 해외 전화를 생각했으니 얼마나 황당무계하다고 손가락질 받았겠니?

물론 누군가는 대서양 해저에 전화를 연결할 케이블을 깔면 좋겠다고 생각했을지도 몰라. 하지만 대서양이나 태평양은 둘 다 중간지점도 없이 넓게 벌어져 있어. 그런데 어떻게 그 대양을 단 한 줄의 전선으로 연결할 수 있겠니? 아마 그 일은 절대로 쉬운 일은 아니었을 것이야.

하물며 바다의 깊이도 측정되지 않았던 시기였다고 해. 게다가 그토록 깊은 곳에 던진 전선이 그 엄청난 수압을 견뎌낼 수 있을지도 알 수 없는 상황이었어. 당시로써는 정말 무모한 생각이었던 거야.

물론 어떻게 해서 그 긴 케이블을 바다 속에 설치할 수 있었다고 해도 2,000마일이나 되는 철과 구리로 된 전선을 실을 수 있는 큰 배는 또 어디서 구할 수 있겠니?

그러나 그 시대에도 모두가 불가능하다고 믿는 일을 가능하다고 믿고 밀어붙였던 사람이 있었단다. 그 사람이 바로 기스본이라는 영국의 기술자야. 그는 뉴욕에서부터 미국의 가장 동쪽 지점인 뉴펀들랜드까지 케이블을 설치하려고 했대. 만약 그것이 성공한다면 뉴펀들랜드에서 영국의 아일랜드까지 해저 케이블을 깔 생각을 한 것이지. 그는 한 투자자를 만나 기세 좋게 그 일을 시작한단다. 자신의 꿈 하나만 믿고서 말이야. 그러나 중간에 돈이 바닥나는 바람에 일을 중지해야만 했단다. 그래서 그는 돈 있는 사람들을 찾아보기 위해서 뉴욕으로 다시 돌아와야만 했어. 첫 번째 위기에 처한 거지.

속담 중에 이런 말이 있어. "우연이야말로 위대한 업적의 아버지다."

슈테판 츠바이크의 증언에 따르면 기스본은 그 속담처럼 우연히 목사의 아들인 사이러스 필드라는 남자를 알게 됐다고 해. 그는 일찍이 하는 일마다 성공을 거두어서 젊은 나이에 큰 재산을 모은 사람이었대. 당시에는 특별히 하는 일 없이 한가한 생활을 즐기고 있었지. 그는 계속 아무 일도 안 하기에는 너무 젊고 매우 열정적인 사람이었다고 하는구나. 그래서 기스본은 그에게 뉴욕에서 뉴펀들랜드에 이르는 케이블 설치에 돈을 투자하라고 설득했단다.

만약 인류사를 바꿀 일이라는 대의명분이 없었다면 이 놀라운 투자자를 만나긴 힘들었을지도 몰라. 슈테판 츠바이크는 이 젊은 남자를 '좋은 땅에 떨어진 씨앗과 같은 사람'이라고 기록했단다. 어떤 사람은 씨앗이 길가에 떨어지듯 기스본의 제안을 듣고도 한귀로 듣고 한귀로 흘려버렸어. 또 어떤 사람은 씨앗이 돌밭에 떨어져 깊은 뿌리를 내리지 못하듯 기스본의 제안을 듣고도 미친놈이라고 생각하고 무시하기까지 했단다. 하지만 제대로 자신을 이해한 한 사람을 만나 결국 거대한 프로젝트가 시작됐지. 기스본과 그는 곧바로 작업에 착수했단다.

그래서 자본금 5만 3,000파운드의 투자 계약이 빠르게 진행됐단다. 그런 거금을 투자하는데 단번에 서명하기는 쉬운 일이 아니었어. 하지만 그 둘은 설령 그 일이 망한다 해도 인류의 역사를 발전시키는 데 도움이 될 거라고 믿었기 때문에 끝까지 밀고 나갔단다.

해저에 케이블을 설치하는 데 가장 큰 문제는 다름 아닌 케이블의 품질 문제였어. 구대륙과 신대륙 사이의 떨어져 있는 부분을 잇기 위해서는 어마어마한 줄이 필요했거든. 그걸 만드는 데는 이루 다 설명할 수 없을 정도로 엄청난 어려움들이 있었어. 우선 케이블은 쇠밧줄처럼 단단해야 했고. 또 절대 끊어지면 안 됐지. 설치하기 쉽도록 탄력이 있어야 했고. 또 모든 압력을 견디면서도 비단실처럼 매끈하게 쭉 뻗어야 했지. 즉, 단단함과 정밀성을 동시에 갖춰 가장 미세한 전파라도 2,000마일 이상을 전달해야 하는 것이었단다. 이 거대한 줄에 눈에 보이지도 않을 만큼 작은 틈이 생기거나 조금만 울퉁불퉁해도 전파를 전달하는 데 차질을 빚을 수 있었기 때문이지.

335마일의 케이블이 깔렸을 때, 필드는 작업과 흥분으로 지친 몸을 좀 쉬려고 자리에 누워 있는데 그때 갑자기 털털거리는 소리가 멎었어. 한순간에 배에 있던 모든 사람들이 깨어나서 갑판으로 달려 나가 보았더니 글쎄 케이블의 출구가 비어 있었어. 케이블이 갑작스럽게 몽땅 물레에서 미끄러져 나가버린 거야. 결국 그 일 때문에 대담하게 출발했던 사람들은 실패자의 몰골을 하고 다시 원점으로 돌아와야 했어.

하지만 결정적인 일들은 거의 언제나 조용한 가운데 성공한단다. 두 번째 출항은 거의 주목을 받지 못한 채 이루어졌어. 이별의 만찬도 베풀어지지 않았고, 연설도 없었지. 마치 해적질을 하러 나가는 것처럼 은밀하고 조용하게 항구를 떠났다는구나. 오직 바다만이 그들을 친절하게 맞이했겠지? 하지만 그들은 7월 28일, 마침내 케이블 설치에 성공했어.

결국 그들은 작은 꿈 하나로 시작한 믿음으로 1866년 지구상의 떨어져 있는 두 부분을 잇는 거대한 사업을 해내고야 말았던 거야. 그 덕에 기스본은 '현대판 콜럼버스'라는 칭호를 얻게 된단다.

나는 슈테판 츠바이크의 글을 읽으면서 정말 때론 믿음이 광기와 같다고 생각했단다. 불광불급不狂不及이라는 말이 있듯이 미치지 않고서야 어떻게 목표에 미칠 수 있겠니?

사람을 미치게 만드는 것은 '거룩한 사명'이란다. 즉, 돈도 중요하지만 인류를 위해 좋은 일을 하리라고 믿는 믿음은 아무리 역경이 와도 좌절에 굴하지 않는단다. 대의명분이 크면 고난과 역경을 만나도 좌절하지 않고 오히려 그것을 전화위복의 기회로 삼는다는 이야기지.

그들의 노력 덕분에 편지로 부치면 보름씩이나 소식을 기다려야 했던 일이 이제 단 몇 초면 목소리로 전할 수 있으니 이보다 더 값진 일이 세상에 어디 있겠니?

사랑은 믿음을 더욱 굳세게 만든다

사람을 사랑하는 일이라는 중요한 명분이 있을 때 우리의 믿음은 더욱 확고해진단다. 그러나 사람들은 자신을 사랑하는 이기적인 마음이 더 크기 때문에 대의명분을 위해 수고하는 무모한 도전을 잘하지 않지.

혹시 '대니 서'라는 친구를 아는지 모르겠구나. 대니 서는 열두 살의 어린 나이에 단 10달러를 가지고 친구들 몇명과 '지구 2000'이라는 단체를 만들었단다. 지구의 날에 맞추어 2000년까지 지구를 구하기 위해 창립한 이 조직을 통해, 대니의 이 10달러는 곧 2만 명이나 되는 회원으로 번져갔단다.

열세 살에 대니는 '페로스 세노 고래사냥'을 반대했고 또 66에이커의 역사를 담고 있는 삼림을 구하기 위해 엄청난 규모의 대기업과 싸우기도 했지. 대니는 세상을 염려하고 정이 많은 사춘기 소년들이 나아갈 길을 닦아준 거야.

『워싱턴포스트』는 세계에서 가장 근사한 스물두 살짜리 청년이라고 극찬했고, 『피플』은 세계에서 가장 아름다운 50인 중에한 사람으로 대니 서를 뽑기도 했단다. 그렇다면 대니 서는 과연무슨 일을 했기에 인종차별도 심하고 콧대도 높은 사람들에게그런 극찬과 존경을 받았던 걸까?

대니는 열한 살 때 책과 텔레비전을 통해 환경재해가 많다는사실을 발견하여 환경가가 되었다고 해. 결정적인 동기는 치킨버거를 먹으면서 텔레비전을 보는데 환경운동가들이 닭 등 동물들을 도살하는 장면을 보여주었다는구나. 그 순간 역겨워 도저히 햄버거를 먹을 수 없었다고 해. 그 길로 대니는 오래된 숲을보호하는 운동을 벌이는가 하면 고래사냥을 금지하는 캠페인을덴마크 대사관 앞에서 벌여 미 국무성에서 조사에 나서기도 했다고 한다.

그의 환경운동은 그리 어려운 것이 아니라고 해. 그는 '작은기적'이라는 철학을 내세워 실천했어. 작은 기적이란 보통 사람이 하루에 15분만 투자하면 세상이 달라진다는 캠페인으로 모든 사람을 환경운동가로 만들려고 했지. 자칫 일상과 거리가 먼문제라 생각하기 쉬운 '환경운동'이라는 화두를 붙들고 고민하고 있는 우리에게 대니 서는 간결하고도 설득력 있는 메시지를 전하고 있어. 이처럼 발상을 바꾸면 세상에는 아직도 해야 할 일이 너무나도 많단다. 문제는 나도 할 수 있다는 확신과 믿음 이지.

말콤 맥린
Malcom Mclynn
1913~2001

컨테이너 개발자이자 운송사업자. 부두에서 선박에 짐을 실어 나르는 데 시간과 비용이 많이 들자 그 해결책으로 선박 컨테이너를 개발했다. 그로 인해 운송시간과 물류비용을 획기적으로 줄일 수 있었다.

기스본
Gisborne
1854~?

뉴욕에서 미국 북동쪽 끝에 있는 뉴펀들랜드까지 하나의 전선을 잇는 거대한 계획을 세웠다. 세 번의 실패 끝에 마침내 대서양에 해저 케이블을 설치하는 데 성공했다. 바다를 통해 말들이 전달된 최초의 사건이다.

03
실천하지 않는 꿈은
죽은 미래다

미래는 오늘의 한 걸음에서 시작된다

올림픽 4관왕 제시 오언스가 클리블랜드 고등학교에 다니고 있을 때 당시 유명한 육상 선수였던 찰리 패독이 학교에 찾아온 적이 있어. 그는 학생들에게 이렇게 연설했단다.

"너희들은 어떤 사람이 되기를 원하니? 목표를 정하고 하나님께서 그것을 이루는 데 도움을 주실 거라고 믿어봐."

제시 오언스는 연설을 듣고 감동을 받아 찰리 패독의 코치를 찾아가 말했어.

"코치님, 저도 꿈을 가졌어요!"

코치는 바짝 여윈 어린 흑인 소년 제시를 내려다보며 말했어.

“그래, 네 꿈이 뭐니?”

그러자 소년은 작은 입을 오물거리며 말했단다.

“저도 찰리 패독처럼 세상에서 가장 빠른 육상 선수가 되고 싶어요.”

“제시야, 꿈을 가지는 것은 훌륭한 일이야. 근데 먼저 해야 할 일이 있단다. 너는 그 꿈을 이루기 위해 사닥다리를 놓아야 해. 사닥다리의 첫 번째 단은 인내이며, 두 번째 단은 헌신이고, 세 번째 단은 훈련이며, 네 번째 단은 태도란다.”

제시는 꿈을 꼭 이루겠다는 결심을 하고 사닥다리에 발을 올려놓았어. 그러고는 마침내 100미터와 200미터 경주에서 가장 뛰어난 기록을 갖게 됐지. 올림픽 경기에서 금메달을 네 개나 땄단다. 이 모든 것이 이루어질 수 있었던 것은 제시가 꿈만 가지고 있었던 게 아니라 꿈을 이루기 위한 사닥다리에 기꺼이 올라갔기 때문이야.

우리에게는 위대한 비전이 필요하단다. 하시만 그 모든 것이 갖추어진다고 해도 한 걸음씩 한 걸음씩 끊임없이 나아가지 않는다면 그것은 한낱 꿈으로 끝나고 말 거야. 꿈을 이루기 위해서는 오늘의 그 한 걸음이 중요한거야.

이 세상에서 가장 무서운 사람은 자신의 신념대로 사는 사람이야. 신념을 갖고 있는데도 신념대로 살지 않는 것은 문제란다. 그런 사람은 신념 없이 사는 사람과 같아. 여기 소개하고자 하는 두 사람은 자신에게는 더 큰 이익이 없음에도 불구하고 경제와 시장에 대한 확고한 신념대로 살았던 사람들이란다. 한 걸음씩 한 걸음씩 자신의 신념대로 길을 가는 사람은 반드시 그것을 이루게 된다는 것을 믿어야 한다.

언젠가 조선일보 '만물상'에 실렸던 이야기란다. 우리나라에 『괴짜 경제학 Freakonomics』의 저자로 알려진 시카고 대학의 스티븐 레빗 교수가 대학에 다닐 때 스승인 밀턴 프리드먼의 집에 저녁식사 초대를 받아 간 적이 있었대. 스승인 밀턴은 물론이고 그의 아내 로즈도 경제학자였고 그의 아들 데이비드도 경제학자였어. 말 그대로 경제학자 집안이었지.

프리드먼 가족은 식탁에서 내내 '도둑' 얘기를 했어. 그런데 얘기 중에 '도둑'이라는 단어가 전혀 다른 의미로 사용되고 있었어. 그래서 레빗은 무슨 얘기를 하는지 도통 이해할 수 없었다고 해. 그 의문은 나중에 풀렸단다. 프리드먼 가족이 말하는 '도둑'은 바로 '정부'였어.

또 한번은 프리드먼이 강의시간에 졸고 있던 학생에게 느닷없이 질문을 던졌단다.

"자, 이 경우 가장 효율적인 해결책이 뭐라고 생각하나?"

그 학생은 수업시간에 조느라 질문을 제대로 듣지 못했어. 하지만 그 학생은 순발력을 발휘해 가장 확률이 높을 것 같은 답변을 했지.

"정부 예산을 삭감하는 것입니다."

프리드먼은 흡족해했고 학생은 위기를 넘겼단다.

프리드먼은 정부가 도둑이기 때문에 정부의 개입을 줄이는 것은 무조건 옳다는 것이 평생 소신이었다고 해. 정부가 할 일은 법·질서·안전 유지와 사유재산 보장, 시장경쟁 촉진, 장애인과 노약자 보호 정도로 제한하고 나머지는 모두 시장에 맡겨야 한다고 했지. 최저 임금제처럼 정부가 임금과 가격에 개입하는 정책은 모두 버려야 한다고까지 생각했어.

이 세상의 절반은 경제와 관계가 있고 경제는 시장과 관계가 있으며 시장은 바로 우리의 생존과 관계가 있단다. 세상과 담을 쌓고 사는 성자라고 해도 시장에서 필요한 식량과 물건을 사지 않고는 수행을 계속할 수 없으니, 경제를 외면하고 살 수는 없단다. 그러니 너희들도 이 땅에서 제대로 살아가기 위해서는 시장 경제에 대한 지식이 해박해야 해.

학교에서 교과서로 배우는 시장경제뿐 아니라 벼룩시장의 물물교환이나 경매 사이트를 통한 직·간접적인 구매와 판매경험도 나중에 어른이 됐을 때 유용한 산지식이 된단다. 오히려 이러한 경험이 시장경제 이론보다 더 도움이 될 수도 있어.

왕따를 당해도 신념을 버려선 안 된다

시장경제를 주장한 프리드먼은 1960년대까지만 해도 이단아 취급을 받았대. 케인스 학파 로버트 서로가 프리드먼의 통화주의(돈의 수요를 통제하는 경제정책)를 조롱했기 때문이지.

"프리드먼에겐 세상 모든 것이 돈으로만 보이는 모양이다. 내겐 모든 것이 사랑으로 보인다. 그러나 나는 그걸 마음속에 품고만 있지 프리드먼처럼 논문에 쓰지는 않는다"라고 악평할 정도로 왕따를 당했대. 하지만 프리드먼은 방대한 증거를 앞세워 꿋꿋하게 자기주장을 폈고 결국 세계경제의 흐름을 시장 중심으로 돌려놓고 말았지.

프리드먼의 주장은 1980년대 '레이거노믹스(Reaganomics, 미국 제40대 대통령인 레이건식 규제완화·민영화 감세정책)'로 이어졌고 그가 세운 시카고 학파는 노벨 경제학상 수상자를 가장 많이 배출했다는구나. 94세로 세상을 떠난 프리드먼이 말년에 남긴 이 말은 참 의미심장하단다.

"입만 열면 개혁을 부르짖는 사람들은 거의 어김없이 남들의 이익을 빙자해 자기의 영달을 추구하는 사람들이다. 그런 사람들이 정부를 좌우하게 되면 국민의 경제적 복지는 줄어들 수밖에 없다."

이는 국가 권력을 빙자해서 권력을 남용하는 걸 지적한 아주 유쾌한 말이지. 사람들은 그의 시장경제 체제에 대한 신념을 보여주는 위대한 독설이라고도 말한단다. 얼마 전 미국이 이라크를 침공한 사건에서도 이러한 권력남용 및 정치권과 방위산업체와 같은 경제계의 유착이 발견돼 많은 사람들의 지탄을 받았단다.

아무튼 그의 명성은 1960년대 후반, 시장과 경제에 대한 정부의 적극적인 개입을 주문하는 케인스 경제정책이 경기침체와 인플레이션의 동시 발생인 스태그플레이션을 불러올 것이라는 예측이 적중하면서 확립됐지. 자연실업률 개념에 입각한 이 업적으로 1976년 노벨 경제학상을 받게 됐단다.

그는 1912년 뉴욕에서 헝가리 이민자인 유대인 부모 사이에서 태어났어. 대학 졸업 뒤 대공황이 터져 실업자로 지내게 됐는데 그때 많은 생각을 하게 됐다고 해. 그가 나중에 비판한 케인스 정책은 대공황 시절 프랭클린 D. 루스벨트 대통령이 도입했던 거야. 너희들도 잘 아는 뉴딜 정책이 그 핵심이지.

그런 그도 백수로 지낼 땐 뉴딜 정책의 혜택을 받았어. 왜냐하면 당시 그의 가정은 정말 가난했거든. 그런데 50년이 지나지 않아 경제에 대한 정부의 개입을 반대하는 사람이 됐으니 아이러니한 결과라 할 수 있어.

물론 그가 정부의 역할을 마냥 부정한 것은 아니란다. 정부가 저소득층에게 보조금을 주는 역소득세나 저소득층 자녀에게 사립학교에 다니도록 보조금을 지급하는 바우처 제도 등을 주장했어. 다만 정부의 역할이 자유시장의 틀을 만들어 주는 정도에 그쳐야 한다고 주장했던 거야.

그는 평생을 자기가 주장하고 믿는 바를 올곧게 밀고 나가며 그 신념을 굽히지 않은 몇 안 되는 사상가 중의 한 명이란다. 그래서 나는 그의 주장이 오늘날의 경제상황에 맞고 안 맞고를 떠나서 존경하고 싶단다. 왜냐하면 세상엔 자기가 주장하는 바를 실천하지 않는 표리부동(表裏不同, 겉과 속이 다름)한 사람들이 많기 때문이지. 세상은 신념이 곧은 사람, 자신의 말을 지키는 사람을 주목한단다.

차라리 백 리 걸음 힘들더라도
굽은 나무 아래선 쉴 수가 없고
비록 사흘을 굶을지언정
기우숙한 쑥은 먹을 수 없네.

조선시대 '이덕무'라는 선비가 쓴 『송유민보전』에 나오는 두 준지杜濬之란 사람의 시란다. 이덕무는 자신의 신념이 흐려질 때마다 이런 시를 읽으며 마음을 다잡았다고 해.

그의 편지글에 보면 "옛날에는 문을 닫고 앉아 글을 읽어도 천하의 일을 알 수 있었지요"라는 구절이 있단다. 그런데 오늘날 인터넷 시대에 살고 있는 우리는 세계의 정보를 책상 위에서 만나면서도 천하의 일은커녕 제 자신에 대해서조차 알 수가 없고 혼란만 커지는 것 같지 않니? 정보의 바다가 오히려 우리를 더 허우적거리게 하고 있단다.

왜 그럴까? 거기에는 목적과 신념을 세워가야 할 나 자신은 없고 정보만 있기 때문이지. 그렇기 때문에 내가 알고 있는 정보의 양이 늘어날수록 내면의 공허함은 커져만 간단다.

요즘도 나는 젊은 대학 졸업생들을 보면서 많은 것을 느낀단다. 취직하기가 하늘의 별따기라고 할 만큼 어려운 잿빛 현실 속에서 88만원 세대니 이태백(20대 태반이 백수), 청백전(청년 백수 전성시대), 낙바생(낙타가 바늘구멍을 통과하듯 취업이 어려운 졸업 예정자), 강의 노마드족(영어, 취업강좌 등을 찾아 헤매는 학생) 같은 말을 늘어놓으며 절망에 빠져 있는 모습이 참 안타깝게 보이더구나. 젊은이들은 스스로를 '저주받은 세대'라고 되뇌며 우왕좌왕하는데 이제는 돈을 벌 수만 있다면, 출세를 할 수만 있다면 지금까지 소중히 여겨온 가치와 자존심도 송두리째 던져버릴 태세란다.

하지만 신념이 없고 목표를 상실한 사람은 결국 지금 머문 자리에서도 퇴보할 수 있음을 명심하렴.

고정관념과 신념은 다르다

일본 속담 중에 "바람이 세차게 불면 독장수가 돈을 번다"는 말이 있어. 언뜻 보기에는 바람과 독장수가 아무 관계도 없어 보이지만 속을 들여다보면 연관성이 있다는 것이야. 태풍이 잦은 일본에 태풍이 거세게 불면 항아리와 독들이 많이 깨져나가는 탓에 독장수가 돈을 번다는 뜻이란다. 이것이 수요와 공급에 따른 시장경제의 법칙이지.

하지만 아무리 시장경제의 법칙이 모든 경제이론에 앞선다고 하더라도 시장경제의 법칙에만 내맡겨서는 안 되는 문제도 있단다.

사람들은 대개 고정관념에 사로잡혀 산단다. 고정관념의 노예가 되지 않고 살기는 무척 어렵지. 하지만 그 고정관념을 과감하게 깨버린 사람늘도 있어. 예를 들어 일렉산더 대왕은 반드시 손으로 풀어야 한다는 고정관념을 깨고 고르디우스의 매듭(Gordian Knot, 대담하게 행동할 때만 풀 수 있는 문제를 일컫는 속담)을 칼로 잘라 풀어버렸어.

크리스토퍼 콜럼버스가 껍질을 깨뜨려 달걀을 세울 때까지 그 누구도 달걀을 세우지 못했어. 에이브러햄 링컨 대통령이 남북 전쟁에서 이겨 흑인 노예들을 해방할 때까지 수많은 백인들은 돈을 주고 사람의 몸을 사서 멋대로 부리는 일이 당연한 것처럼 여기며 살았단다.

우리는 이미 깨진 고정관념을 보면서 고정관념을 깨는 건 쉬운 일이라고 생각할 수도 있어. 매듭을 칼로 잘라서 풀지 못할 사람은 없고 달걀을 깨뜨려서 세우지 못할 사람은 없으니까 말이야.

그러나 고정관념을 깨뜨리기는 무척 어렵단다. 이 일을 해내려면 굳센 믿음과 용기가 있어야 하기 때문이야. 고정관념도 하나의 신념이라고 할 수 있어. 하지만 잘못된 신념일 경우가 많지. 그중의 하나가 땅은 한 번 차지하면 영원히 상속돼야 한다는 생각이야.

신이 준 땅을, 그 어떤 사람도 만들 수 없는 땅을, 누구나 살아가는 데 필요한 땅을 사람들은 돈을 주고받으면서 사고파는 것을 너무나도 당연하게 여기지. 또한 땅을 사고 난 뒤에는 모든 이익을 혼자 챙기는 것이 당연하다고 여겨. 자본주의 사회에서는 거의 모든 사람들이 갖고 있는 고정관념이야.

그러나 모든 사람들이 그렇게 생각한 건 아니란다. 예컨대 인디언들은 그런 고정관념을 갖고 있지 않았어. 그래서 '위대하고 훌륭한 백인 추장'으로부터 부족의 땅을 사고 싶다는 전갈을 받은 시애틀 추장은 이렇게 답장을 보냈다.

워싱턴에 있는 백인 대大추장이 우리 땅을 사고 싶다는 말을 전해왔다. 하지만 어떻게 땅과 하늘을 사고팔 수 있나? 우리로서는 무척 이해하기 힘든 일이다. 신선한 공기와 물방울이 우리 것이 아닌데 어떻게 그것을 사겠다는 건가? 이 땅의 모든 것은 우리에게 신성한 것이다. 반짝이는 소나무 잎, 바닷가 모래밭, 짙은 숲속의 안개, 수풀과 지저귀는 곤충들 모두가 우리 민족의 기억과 경험 속에 신성한 것이다.

[……]

이 땅은 우리의 소유가 아니다. 우리가 이 땅의 일부분일 뿐이다. 따라서 워싱턴의 백인 대추장이 이 땅을 사겠다고 한 제의는 우리에게는 대단히 중요한 일이다. 우리에게는 그것이 우리의 누이와 형제, 우리 자신을 팔아넘기는 일과 다름없기 때문이다.

시애틀 추장뿐 아니라 다른 인디언들 역시 개인이 땅을 가질 수 없다고 생각했어. '구르는 천둥'이라는 이름을 가진 한 인디언은 이렇게 말했단다.

"우리 인디언은 대지를 지키는 자이다. 우리는 우리가 대지를 소유했다고 주장하지 않는다. 인간은 대지를 소유할 수 없다. 오히려 인간이 대지의 소유이다. 어떤 사람은 문서를 작성해 자신이 그 땅의 소유자라고 주장하지만 그것은 아무런 의미도 없는 일이다. 우리는 대지의 소유자가 아니며, 누구도 그렇게 될 수 없다."

뉴질랜드의 마오리족 사람들에게도 돈을 받고 땅을 판다는 것은 이해하기 힘든 일이었단다. 그래서 원주민 자녀들은 백인을 찾아가서 계속 땅을 쓰겠다면 또 대가를 지불하라고 요구했어. 하지만 백인들은 그런 원주민들의 생각을 이해하지 못했지.

인디언이나 마오리족이 지녔던 토지에 대한 생각이 이상했던 것만은 아니야. 유럽에서도 의식 있는 사람들은 토지가 함부로 사유 재산이 될 수 없다는 것을 잘 알고 있었지.

예컨대 영국의 계몽주의 철학자인 존 로크도 "땅은 인간 노동의 산물이 아니다. 따라서 다른 사람들이 함께 쓸 수 있는 땅이 충분히 있어야만 합당하게 사유 재산으로 간주될 수 있다"고 주장했지.

옳다고 믿는 일은 실행에 옮겨라

자유민주주의에서 시장경제가 매우 중요한 가치이긴 하지만 땅만큼은 예외라고 생각한 사람이 있었어. 바로 헨리 조지라는 학자야. 그는 '샌프란시스코의 선지자'라고 불렸어. 19세기의 미국이 낳은 독실한 기독교 신자이자 경제 사상가였지. 그는 『진보와 빈곤 Progress and Poverty』이라는 저서에서 권력과 착취는 토지의 소유에서 나온다는 것을 잘 밝혀 놓았지. 그 책은 불후의 명저로 손꼽혀. 그는 이렇게 말했단다.

"땅은 노동처럼 굶는 일도 없고 자본처럼 가치가 줄어드는 일도 없다. 땅 소유자는 얼마든지 기다릴 수 있다. 물론 땅 소유자도 불편을 겪기는 하겠지만 그늘이 불편할 성노이번 사본은 소멸될 정도이고 노동자는 굶을 정도에 이른다."

그의 주장은 크게 두 가지야. 첫째는 인간이 노력해 땀 흘린 보람으로 얻는 소득에 대해서는 세금이 없기 때문에 사람들은

더 열심히 일하고 산업을 발전시킨다는 거야. 그래서 헨리 조지
는 뉴욕 시의 빈곤추방협회에서 다음과 같이 연설했단다.

"우리는 이 세상에서 아직 구경도 못한 아름다운 도시를 만들
수 있습니다. 넓고 깨끗하며 아름다운 멋으로 흘러넘치는 도시,
전체가 공원으로 이루어진 도시, 셋집에 살며 쪼들리는 사람들
이 없는 도시, 반 시간 이내에 도시의 중심가에서 약 30~40마일
떨어진 곳으로 안전하게 갈 수 있도록 철도가 건설돼 있는 도시,
마치 빌딩 속의 승강기처럼 자유롭게 운행되는 철도 시설과 큰
박물관을 구비하고 공공 도서관과 체육관, 거기에 공공 편의 시
설이 잘 갖추어진 도시.

이러한 도시들은 부자 몇 사람이 돈을 기증한다고 생기는 것
이 아닙니다. 모든 사람의 공동 소유로 된 사회기금으로 건설돼
야 합니다. 또 과부나 고아들의 생활보험을 만드는 데도 사용해
야 합니다. 그 대신 땅값이 올라 막대한 이윤을 취하는 사람들에
게는 세금을 더 내도록 해야 합니다."

헨리 조지의 주장을 받아들여 성공한 나라가 많아. 오스트레
일리아, 뉴질랜드, 남아공연방이 그렇지. 그 외에도 덴마크, 타
이완, 미국 펜실베이니아 주의 12개 도시, 헨리 조지의 고향인

필라델피아 시 등이 있단다. 특히 필라델피아 시의회는 조지의 아이디어를 채택해 재산세도 바꾸었단다.

땅을 가진 사람들은 서로 결속해서 땅값이 더 오를 때까지 땅을 팔지 않는 거야. 우리나라 역시 마찬가지야.

전 세계 어떤 도시에서든 땅을 가진 사람들이 땅을 팔지 않으면 땅값은 대체로 계속 오르게 돼. 그걸 '거품'이라고 하지. 그럼 부동산 경기가 활성화된 것처럼 보이거든. 경제도 활황인 것처럼 보이고. 하지만 거품은 언젠가 빠지게 돼 있어. 거품이 빠지면 경제불황이 닥치게 된단다. 이로 인해 주기적인 경제호황과 경제불황의 사이클이 지속되는 거지. 최근 10년간의 세계 경제 역시 그런 사이클을 보여주고 있어.

나는 너희들이 경제를 모르는 사람이 되기를 바라지는 않는다. 경제를 모르면 가난하게 돼. 가난하면 빚을 내게 되고 그렇게 되면 모든 것을 빼앗기고 결국 집안의 가구까지도 잡혀야 하는 불운한 일이 일어날 수도 있어.

그러니 경제의 흐름을 잘 아는 것은 중요한 일이야. 경제를 잘 알아서 유대인들처럼 부를 축적하기 바란다. 하지만 헨리 조지의 가르침을 잊어서는 안 돼. 지금 당장 자신에게 필요하지도 않은 땅을 사두었다가 시세 차익을 노리고 되파는 부동산 투기와 같은 행위는 지탄받을 일이야. 너희들은 그런 일을 해서는 안 된다.

우리는 대통령 선거에 나왔다가 과거의 잘못에 발목이 잡혀서 나락으로 떨어지는 경우를 많이 봤어. 그건 모두 도덕과 윤리를 제대로 지키지 않았기 때문이야. 도덕과 윤리를 제대로 지키지 못한 사람은 결코 지도자가 될 수 없단다. 신이 세상을 공의로 다스리고 있음을 믿어야 한단다.

원칙과 신념이 없으면 유혹에 빠지기 쉬워. 나는 너희들이 원칙과 신념이 없는 사람이 되기를 원치 않는다. '신념'이 확고해야 삶도 뚜렷해져. 폴 발레리가 말했지. "당신은 당신이 생각하는 대로 살아야 한다. 그렇지 않으면 머지않아 당신은 사는 대로 생각할 것이다."

괴테도 이렇게 우리에게 충고했단다. "사람은 하는 일에 신념을 가져야만 한다. 그리고 누구나 자기가 하는 일이 옳다고 굳게 믿는다면 실행에 옮겨야 한다. 자기에게 그러한 힘이 있을까 하고 주저하거나 망설이지 말고 앞으로 나아가라."

마음속에 스승을 가지면 신념이 생긴단다. 그러니 내가 일러

준 말과 소개한 스승들을 마음의 스승으로 삼아 남이 나를 칭찬

하더라도 내 마음의 스승이 칭찬할 것이 못 되면 그 칭찬을 받아

들이지 않아야 해. 또 남의 험담과 관계없이 내 마음의 스승이

옳다고 하면 그 길로 갈 수 있기를 바란다.

밀턴 프리드먼
Milton Friedman
1912~2006

자유시장주의 경제학자. 지속적이고 적정한 수준으로 통화를 공급해야 경제가 꾸준히 성장한다고 주장했다. 인플레이션이란 상품은 적은데 돈이 많이 몰릴 때 나타나는 현상이라고 해석했다. 그의 경제 이론은 이후 미국과 영국의 경제정책에 지대한 영향을 미쳤다. 1976년 노벨 경제학상을 수상했다.

헨리 조지
Henry George
1839~1897

19세기 후반 미국의 경제학자 · 사회철학자 · 사회운동가. 주요저서로는 1879년에 출간한 『진보와 빈곤』이 있다. 이 책은 전 세계에 수백만 권이 팔렸다. 그의 사상은 미국뿐 아니라 세계 여러 나라에 광범위한 영향을 미쳤다. 중국의 쑨원과 러시아의 톨스토이 등 대사상가들에게도 깊은 영향을 주었다.

믿음의 가치는
무엇과도 바꿀 수 없다

목숨 걸 만한 신념을 품어라

사회주의 국가였던 구소련(소비에트 사회주의 공화국 연방)이 민주주의 국가인 러시아로 바뀌는 데 결정적 역할을 한 정치 지도자가 있었단다. 나는 어릴 적 그를 보며 사춘기를 보냈는데 그때까지 알고 있던 나의 상식으로는 그 사람이야말로 권력보다는 백성과 인민을 위하는 20세기의 가장 위대한 정치가라고 생각해. 바로 미하일 고르바초프란다.

그는 그 공으로 노벨 평화상을 받았는데, 상을 받은 뒤 기자들에게 이런 말을 했어.

"나는 부모님에게 상식을 배웠습니다. 시골 사람들은 자연,

우주, 세계 그리고 진정한 삶에 대한 자신들의 생각을 갖고 있습니다. 그들은 땅에서 태어나 땅에서 살아갑니다. 그들은 그 땅을 잘 알고 있고 깊은 애정을 갖고 있습니다. 그들은 종종 고개를 들어 하늘을 쳐다봅니다. 그것은 단지 비를 몰고 오는 구름을 보기 위해서가 아닙니다. 하늘과 교감하기 위해서입니다. 그들은 그렇게 땅과 하늘과 별과 구름 등의 자연과 교감하는 생활을 합니다. 그들은 상식을 매우 존중하게 됩니다.

나는 또한 소박함과 겸손을 배웠습니다. 시골에서는 마을 사람들이 하나로 뭉쳐야만 농사를 제대로 지을 수 있습니다. 그래서 시골 사람들은 남을 생각하는 너그러운 마음을 가지고 있고 한마을 사람들끼리 단결이 잘 됩니다. 나는 어린 시절 이러한 것을 눈으로 보고 몸으로 익히며 자랐습니다. 이 깨우침은 일생 동안 저에게 많은 영향을 미쳤습니다. 나는 내 뿌리가 농촌이라는 점이 자랑스럽습니다."

상식에 맞춰 사는 것은 쉬운 일처럼 보여. 하지만 작은 상식 하나 지키지 않아서 자기 자신뿐 아니라 많은 사람들을 파멸로 끌고 가는 사람이 적지 않단다. 나에게 맞지 않는다고 상식을 깨버리면 언젠가는 나도 상식을 깨는 사람들에 의해 피해를 볼 수 있어. 이 점을 명심하렴.

내가 지금 이야기하려는 미하일 고르바초프는 인류 보편의 상식인 자유, 평등, 인권을 위해 목숨을 건 개혁을 한 사람이란다. 그는 1985년 소련 공산당 서기장으로 임명되자, 페레스트로이카(개혁)와 글라스노스트(개방)를 표방하며 구소련은 물론 전 세계질서에 큰 변혁을 가져올 일생일대의 모험을 시작하게 된단다.

당시 공산혁명을 통해 힘과 피로 이룩한 구소련은 그동안 수많은 공산주의 국가들을 통해 전쟁을 일으키고 미국과 끊임없이 군비경쟁을 해서 세계를 위협에 빠뜨렸지. 하지만 100년 가까이 시행된 공산주의 정책은 구소련을 세계에서 가장 자유가 없는 나라, 경제적으로 몰락한 나라, 인권이 짓밟히는 나라로 만들었단다.

구소련식 사회주의 경제는 노동자와 농민의 천국을 만들겠다고 시작했지만 실패에 실패를 거듭했어. 그런데도 정치인들이 그것을 숨기고 국민들을 억압하기만 했단다. 국민들도 모두 정책이 잘못됐다는 것을 알고 있었어. 하지만 비판을 했다가는 쥐도 새로 모르게 끌려가 탄압받을지도 모른다고 생각해 가만히 있었지. 정치가들은 기득권이 사라질까봐 가만히 있었고. 그러는 동안 구소련은 점점 더 빚만 지고 가난한 나라로 전락하고 말았단다.

그런데 1989년 1월 10일 소련 공산당 중앙위원회에서 한 정치가가 목숨을 내걸고 연설을 했단다.

"나는 나의 양심과 상식을 가지고 여러분 앞에 말합니다. 우리 조국이 과연 제대로 된 길을 가는가 하고 물었을 때 나는 분명 우리가 가는 길이 틀렸다고 말하고 싶습니다. 아닌 것을 아니라고 말할 수 있는 용기와 국가적인 분위기가 형성돼 있지 않다면 나는 그것을 정상적인 국가요, 정치라고 말하기 어렵다고 생각합니다. 우리는 분명 잘못된 길로 가고 있으며 이제는 솔직하게 되돌아서서 다른 길로 갈 용기가 필요하다고 생각합니다."

당시는 고르바초프 대통령이 국민들의 지지를 업고 개혁과 개방을 펼쳐 나가고 있었어. 하지만 여전히 공산당 조직과 국가보안위원회의 반발이 노골적으로 드러나던 시기였단다. 그렇기에 목숨을 건 용기가 없었다면 꺼낼 수 없는 말이었지.

"우리는 오늘 일찍이 역사상 그 유례를 찾아볼 수 없는 총회를 열고 있습니다. 소련 사회의 민주화와 페레스트로이카(개혁)

가 새로운 단계로 진입했습니다. 민주화 계급과 글라스노스트(개방)의 기운이 일어나고 또한 인민의 정치활동이 활성화되고 있는 지금의 사회 분위기는 페레스트로이카가 가져다준 것입니다.

이렇게 역사적으로 중요한 시점에서 우리 인민, 농민, 근로자, 지식인들은 우리 당이 어떠한 방향을 제시해 줄 것을 기대하고 있습니다. 혁명의 전환점을 맞아하여 당의 역할이란 사회를 재구성하고 합의점을 창출하는 것입니다."

고르바초프는 강성 공산주의자들에 대해 또 이렇게 덧붙였어.

"우리들은 일부 동지들이 극단주의로 이 위기를 돌파하고자 한다는 것을 알고 있습니다. 불행하게도 집단 이기주의와 관료주의가 난무하고 있음을 말하는 것입니다. 그러나 우리는 이런 모든 현안에 관해 분명한 입장을 취하면서 원칙을 지켜야 합니다. 그리고 앞으로 소련의 선거는 개방과 민주주의 원칙에 따라 치러져야 합니다. 소련의 최고 권력기관이 사회의 모든 계층, 모든 민족과 인종, 단체의 대표자들로 구성되기를 바랍니다. 이것이 중요한 원칙입니다"

당시 그가 한 말은 공산주의 국가에서는 반동에 속하는 발언이었단다. 반동이란 말은 동지同志가 아니라는 뜻이지. 공산주의

자들은 같은 뜻을 가진 사람을 동지, 같은 일을 하는 사람을 동무라고 불렀어. 따라서 반동이란 말은 같은 길을 가는 동지에서 반동지反同志가 됐다는 뜻이야. 이는 곧 자신들의 적이 되고 타도 대상이 됐다는 의미란다. 정말 무시무시한 가치관이었지. 이러한 사람들은 법적으로도 매우 불리한 위치에 있게 돼. 인민재판을 통해서 무자비하게 죽일 수도 있었단다.

공산주의의 입장에서 보면 자본주의와 민주주의는 인류의 역사 발전을 막는 적이며 인민대중을 착취하는 나쁜 사상이기 때문에 파괴하고 숙청시켜야 할 대상이란다. 그런데 고르바초프는 그것을 알고도 이렇게 말했어.

"이대로 가다간 우리 소련의 모든 인민들이 다 굶어 죽습니다. 우리가 믿어왔던 공산 사회주의는 이미 그 효력이 없다는 것이 판명됐습니다. 그러니 이제 솔직히 공산주의를 버리고 민주주의와 자본주의의 방법으로 되돌아갑시다."

그 용기와 신념이 정말 대단하지? 당시 이러한 고르바초프의 용기 있는 연설과 결단은 뉴스를 통해 전 세계에 알려졌어. 전 세계 사람들은 구소련이 과연 그의 용기와 신념대로 개방을 할지 아니면 실패할지 숨죽이며 지켜보았단다. 현대사를 바꾸는 중요한 순간이었지. 결국 고르바초프의 신념대로 구소련은 자연적 해체 과정을 거쳐 민주화됐어. 구소련이 사라진 자리에 러시아 연방이라는 새로운 나라가 탄생하게 된단다.

구소련의 정치 지도자 고르바초프는 국가 지도자의 소신이 얼마나 중요한지를 잘 알려주는 예야. 사람들은 그의 결단과 노력이 아니었다면 1917년과 같은 피의 혁명이 계속됐을 것이라는 데 이의를 달지 않는단다. 그만큼 고르바초프의 결단은 수많은 사람들을 구한 일이야. 그래서 결국 그는 노벨 평화상을 수상한단다.

너희들은 정말 목숨을 걸 만한 신념이 있니? 고르바초프 역시 공산주의 독재를 유지하면서 예전 지도자들처럼 권력을 평생 누리며 살 수도 있었어. 그런데도 그는 전 국민의 복지와 삶의 향상을 위해 모든 권리를 과감히 포기했던 거야. 그는 자신이 옳다고 여긴 신념을 그대로 실천했던 이 시대의 살아 있는 위인이란다.

길을 잘못 들었다면 당장 빠져나오라

1950~1960년대 이후부터 1990년대까지 세상은 이데올로기

의 시대였단다. 아마 너희들은 무슨 말인지 잘 모를 거야. 하지만 지난 50여 년간 세계는 시장경제 체제를 고집하는 민주주의 체제와 공동생산·공동분배를 고집하는 공산사회주의 체제가 서로 우월하다는 것을 증명하려고 경쟁하던 시대였단다. 냉전시대라고 하지.

더욱이 우리나라의 경우는 남쪽이 민주주의를 택하고 북쪽이 공산주의를 채택하는 바람에 지금도 분단돼 있단다. 우리나라가 분단이라는 불행을 겪게 된 것도 바로 이 이데올로기의 대립 때문이야.

이데올로기란 '사상'을 말해. 신념이라고도 하지. 20세기는 말 그대로 사상의 시대였단다. 다양한 사상들이 쏟아져 나왔고 사람들은 그 속에서 자신의 신념을 결정해야 했어. 때론 그 신념 때문에 목숨을 걸어야 했고.

그런데 때론 잘못된 신념이라는 걸 뻔히 알면서도 아무 생각 없이 계속해서 그 길로 가는 경우가 참 많단다. 미국 스탠퍼드 대학교의 심리학 교수로 있는 필립 짐바르도는 저서 『루시퍼 이펙트Lucifer Effect』를 통해 그 이유가 '루시퍼 이펙트' 때문이라고 주장했어.

그는 1971년 심리 연구를 하던 중 반사회적 행동 연구를 위해 모의 교도소 실험을 했어. 평범한 대학생들을 무작위로 뽑아서 수감자와 교도관으로 역할을 나누었지. 그러고는 그들이 그 역할에 따라 어떻게 변화하는지를 살펴보는 것이었어.

그 결과 전혀 뜻밖의 결과가 나왔어. 실험 첫날부터 교도관 역할을 맡은 학생들은 악랄하고 가학적인 방법으로 수감자를 괴롭히고 심지어 성적 학대까지 했어. 어떻게 평범한 대학생이 그렇게 나쁜 사람이 될 수 있을까?

수감자 역할을 맡은 학생들 역시 신경쇠약 증세를 보이고 탈주 계획을 모의하는 등 진짜 수감자와 다름없는 행동을 보였어. 그 실험은 교도관 역할을 맡은 학생들이 너무 악랄하게 구는 바람에 일주일 만에 중단됐어.

이 실험은 선과 악 그리고 인간 본성에 관한 새로운 해석을 하게 해주었어. 인간은 누구나 자신의 의지와는 달리 너무나도 쉽게 악의 나락으로 빠질 수 있다는 걸 보여준 거야. 우리에겐 동전의 양면처럼 선과 악이 모두 있단다. 따라서 선함을 잃지 않기 위해 경계를 늦추지 말아야 해.

이 실험은 평범한 사람도 엄청난 악행을 저지를 수 있다는 것을 보여주어서 그 충격이 컸어. 그럼 착한 사람이 어떻게 나쁜 사람이 되는 걸까? 그 이유는 사과상자가 썩어 있으면 싱싱한 사과도 어느새 같이 썩는 것과 같은 이치야. 자신도 모르는 사이에 좋지 못한 행동의 영향을 받게 되는 거지.

우리는 이제껏 사람을 죽이면 안 된다고 배워 왔어. 하지만 전쟁이 일어나면 아무런 죄책감 없이 적을 죽이지. 국가라는 거대한 조직이 살인을 정당화시켜주기 때문이야. 우리는 국가라는 거대 조직 말고 작은 조직에 있으면서도 죄책감 없이 악행을 저지르기도 해. 혹시 너는 학교에서 친구들이 모두 괴롭히는 아이를 같이 괴롭힌 적 없니? 약한 친구를 괴롭히는 건 잘못이라는 걸 다 알고 있어. 그런데도 잠시 그걸 잊고 함께 괴롭히는 데 낄 수 있단다.

우리는 악에 금방 빠져들고 마는 참 나약한 존재라는 생각이 드는구나. 그러니 우리가 착한 마음을 갖고 착한 행동을 해야 한다는 것을 명심해야 한단다. 인간의 존엄성을 꼭 시켜야 해. 조금만 방심하면 악에 빠져서 나쁜 사람이 될 수 있다는 것을 잊지 마라.

믿음은 두려움도 넘어선다

우리는 크고 작은 두려움에 발목이 잡혀 앞으로 나아가지 못하고 머뭇거릴 때가 많단다. 취업 준비생들은 면접에서 떨어질까 봐, 직장인들은 새로 올린 기획안이 상사의 맘에 들지 않을까 봐, 애인과 말다툼하고 난 뒤 헤어지게 될까봐……. 때론 천재지변이나 사고처럼 일어나지도 않은 일에 대해 두려움을 느끼기도 하지. 하지만 진짜 문제는 두려움 그 자체가 아니라 두려움을 대하는 방식이란다. 어떤 사람들은 두려움을 뿌리치고 앞으로 나아가지만 어떤 사람들은 두려움 때문에 옴짝달싹 못한단다. 그런 면에서 본다면 고르바초프야말로 위대한 결단의 사람이요, 체인지 메이커Change maker란다.

미국에도 위대한 체인지 메이커가 있었어. 미국의 제32대 대통령 프랭클린 D. 루스벨트란다. 그는 20세기의 가장 위대한 미국 대통령으로 평가받지.

그는 시어도어 루스벨트 대통령의 먼 친척으로 부유한 집안에서 태어나 하버드 대학에서 정치와 역사를 공부했어. 그는 특권 계층 출신이었지만 친절하고 쾌활한 성격을 지녀서 그 누구와도 금방 친해지고 잘 어울렸어. 대학 졸업 후에는 변호사 시험에 합격해서 법률회사에 다녔단다. 그러던 중 뉴욕 주 상원의원으로 출마해 당선이 불가능할 거라는 예상을 깨고 당당히 당선되면서 정계에 진출했단다.

그는 아주 활발하게 정치활동을 했지. 그런데 그에게 뜻밖의 불행이 닥쳐. 1921년 여름에 수영을 하고 돌아오니 몸이 아픈 거야. 그는 단순히 감기인 줄 알고 잠을 잤는데 깨어나 보니 다리를 움직일 수가 없었어. 바이러스성 질환인 척수성 소아마비에 걸려 하반신 마비 판정을 받고 말았지.

그는 소아마비에 걸렸지만 당하고만 있지는 않았어. 불굴의 의지로 재활치료를 받았지. 그리고 민주당 소속으로 뉴욕 주지사에 출마해 당당히 승리했어.

당시 미국 정치는 공화당이 지배하고 있었어. 공화당은 정부가 산업과 기업에 간섭을 하면 안 된다고 생각했어. 공화당의 정책은 옳은 것처럼 보였어. 미국은 번영 일로의 길을 걸었고 주식시장은 엄청난 호황을 누렸지.

그런데 1929년 10월 24일, 갑자기 뉴욕 증권 거래소에서 주가가 폭락했어. 10월 말에는 완전히 무너져 내렸지. 1920년대

‘벼락 경기’ 뒤에 찾아온 주식 시장 붕괴는 엄청난 충격과 혼란을 몰고 왔어. 기업은 파산했고 노동자는 일자리를 잃었어.

당시 대통령이었던 후버는 여전히 정부가 위기에 개입하면 안 된다는 생각을 고수하고 있었어. 그러는 사이에 실업자 수가 1931년에 800만 명, 1933년에 1,200만 명에 이르렀어. 대도시 실업률은 50퍼센트에 육박했지. 1929년부터 1932년까지 자살률은 25퍼센트나 늘었대. 루스벨트는 1932년 대통령 선거에 출마했지. 그는 민주당 대통령 후보 수락 연설에서 이렇게 말했어.

“나는 여러분에게 미국 국민을 위한 뉴딜(새로운 정책)을 펴나갈 것을 약속합니다. 그리고 그 정책을 잘 이끌어 나갈 것을 맹세합니다.”

루스벨트가 대통령에 취임했을 때 미국의 경제 위기는 훨씬 더 심각한 상태였어. 200만 명의 실업자가 생겨났단다. 실업자와 빈민들이 식료품을 무료 배급 받으려고 서 있는 줄은 대부분의 도시들에서 흔히 볼 수 있는 풍경이었지. 수십만 명의 사람들이 음식, 일거리, 숙소 등을 찾아서 전국을 헤매고 돌아다녔어.

“형제여, 한 푼만 나누어 줄 수 있을까요?”라는 유행가가 나돌 정도였지.

루스벨트 대통령은 취임 연설에서 국민들에게 경제불황을 이겨낼 것이라는 확신을 심어 주었어.

"우리가 두려워해야 할 것은 두려움 그 자체입니다."

그는 워싱턴에 모인 10만 군중에게 정부는 당장 경제공황을 타개하기 위한 정책들을 결정하고 실행할 것이라고 약속했고 국민들에게 일자리를 제공할 것이라고 말했어. 국민들은 희망을 가지기 시작했지.

그는 취임 바로 다음날 은행 도산을 막기 위해 나흘간 은행 휴일을 선포했어. 모든 은행의 금융업무가 중단됐지. 그리고 그날 100일 동안 의회를 긴급 소집한다고 공포했어.

루스벨트는 취임 닷새 후인 3월 9일부터 6월 16일까지 의회에서 15번 연설했어. 의회는 15개의 법을 제정해서 신속히 나라 경제를 회복하는 데 주력했지. 의회 소집 첫째 날에는 긴급은행 구호법을 세워 정부가 제시하는 은행 기준을 준수하는 은행은 다시 복구할 수 있도록 지원하고, 그렇지 못한 은행은 노태시켰단다. 둘째 날은 연방공무원 급여를 줄여서 균형 잡힌 예산을 도모하는 법을 만들었지.

당시 미국의 일반 가정에서는 온 식구가 저녁식사 후 벽난로에 둘러앉아 라디오를 듣곤 했어. 루스벨트는 라디오 연설을 통해 앞으로 펼쳐 나갈 정책에 대해 솔직하게 이야기하고 설명했어. 루스벨트의 라디오 연설은 '노변정담'이라고 불렸어.

그는 3월 12일부터 '노변정담' 방송 시리즈를 계속했단다. 그의 유창한 말솜씨에 주부의 마음은 진정됐고 가장은 다시 희망을 갖게 됐지. 고등학교 때 잘 연마해 둔 웅변술 덕을 톡톡히 보았던 것이야. 이러한 연설 덕분에 국민들은 정부가 경제 회복을 위해 적극적으로 움직이고 있다는 믿음을 갖게 됐고 점점 불안에서 벗어나기 시작했단다. 대통령으로서의 지도력이 분명하게 입증된 셈이지.

그는 경제공황을 타개하기 위한 수많은 법안을 통과시켰고 수많은 정부기관을 만들었어. 가장 먼저 만들어진 기관이 민간자연보호단CCC이야. 정부가 열여덟 살부터 스물다섯 살까지의 청년들을 고용해 화재 진압, 나무 심기, 야생동물 피난처 만들기 같은 자연보호 활동을 벌이는 단체였어. 1942년까지 약 250만 명이 고용됐지.

공공사업국PWA은 실업자들을 고용해서 도로, 다리, 주택, 병원을 건설했어. 농업조정국AAA은 농촌 경제 회복을 맡았어. 테

네시유역개발공사TVA는 21개의 댐을 건설했어.

루스벨트 대통령의 이런 정책들을 제1기 뉴딜 정책이라고 해. 그후 계속해서 제2기 뉴딜 정책을 펴나갔어. 공공사업촉진국WPA은 실업자들을 공공사업에 투입하는 거야. 도로, 병원, 다리, 학교 등을 건설했어. 약 800만 명이 참여했지.

한편 당시 유럽에서는 전쟁이 벌어지고 있었어. 루스벨트는 그 전쟁에 참여하는 것을 고민해야 했어. 1940년 세 번째 대통령 선거 출마 때 공약으로 미국의 어머니들을 향해 "당신의 아들들을 유럽의 전선에 절대 보내지 않겠습니다"라고 약속한 적이 있기 때문이야.

하지만 그는 더 이상 독일의 침략행위를 보고만 있을 수는 없었어. 그는 사태를 묵인하지 않고 적극적으로 개입해야 한다고 생각했어.

그러던 차에 1941년 12월 7일 일본이 진주만을 기습하는 초유의 사건이 벌어졌단다. 일본이 미국에게 전쟁을 선포한 거지. 결국 일본의 진주만 기습으로 인해 미국 내에서 전쟁에 참전해야 한다는 국민적 합의가 이루어졌어. 미국은 일본과 독일을 향해 즉각 선전포고를 했어.

제2차 세계대전 초기, 유럽에서는 히틀러가 승승장구했지. 루스벨트는 미국을 "민주주의의 거대한 무기 공장"이라고 불렀어. 그러고는 연합군에 막대한 재정, 식량, 무기를 지원했어. 한편으로는 소련과 공조체제를 이끌면서 연합군을 승리로 이끌었단다. 그 전쟁은 뉴딜 정책만으로 완전 복구하지는 못했던 경제 문제를 모두 해결하고 경제 번영을 가져다주었단다. 그는 오랜 여정 끝에 흔들리지 않는 리더십을 발휘해 미국을 세계에서 가장 강력한 나라로 만들었지.

루스벨트는 1932년에 미국의 제32대 대통령으로 당선된 뒤 1945년 뇌출혈로 사망하기까지 12년 동안 무려 네 번이나 대통령에 선출됐어. 미국 역사상 가장 오랫동안 대통령직을 맡았지. 미국 역사상 유례가 없을 정도로 장기 집권을 했음에도 불구하고 뉴딜 정책을 통해 1930년대 경제 대공황을 타개했고 대외적으로는 제2차 세계대전을 승리로 이끌면서 미국을 강대국으로 만드는 데 이바지한 인물로 높은 평가를 받고 있단다.

그는 1945년 네 번째로 대통령에 당선된 뒤 취임 연설에서 이렇게 말했어.

"우리는 우리 혼자서 평화롭게 살 수 없다는 것, 우리 자신의

행복은 멀리 떨어져 있는 다른 나라 사람들의 행복에 달려 있다
는 것을 배웠습니다.”

참 멋진 말이지. 근데 그를 위대하게 만든 가장 큰 힘은 무엇
이었을까?

그는 스스로 자신의 삶을 ‘꽤 긴 인생의 바캉스’라고 불렀어.
소아마비 장애를 갖고 있었지만 절망의 늪을 지나 희망의 강을
건너가는 법을 체득했던 것 같아.

“우리가 가장 두려워해야 할 것은 바로 두려움 그 자체”라고
외친 루스벨트는 온갖 부정적 상황에서 부정이 아닌 긍정을 추
구해 이를 극복한 멋진 지도자였지. 그는 말했다.

“나는 젊었을 때 정치에 뜻을 둔 뒤 여러 가지 쓰라린 일들을
많이 겪었다. 실패도 한두 번 한 것이 아니다. 그러나 굴하지 않
고 걸어온 덕분에 이렇게 대통령이 될 수 있었다. 생각해보면,
내 인생은 일곱 번 넘어지고 여덟 번 일어났던 것이다.

… 중략 …

사람은 기회를 이용할 줄 알아야 한다. 그러나 기회란 찾아와
야만 한다. 전쟁이 없다면 위대한 장군이 있을 수 없고 거대한
사건이 없다면 위대한 정치가는 나오지 않는다.”

성경에 보면 "사랑엔 두려움이 없다"란 구절이 있단다. 위대한 삶을 바라고 진정한 지도자가 되려면 두려움을 극복하고 목숨까지도 내놓는 불굴의 신념을 가져야 해. 그 길이 비록 좁은 길이더라고 주저하지 말고 가기 바란다. 그런데 그 '좁은 길'이란 길이 좁아서 좁은 길이 아니라, 그 길을 택하는 사람이 적기 때문에 좁은 길이라고 하는 말을 어디선가 읽은 기억이 나는구나. '신념'을 지키기란 쉽지 않단다. 때론 목숨과도 맞바꿔야 하는 상황에 처할 수도 있지.

나는 역사를 통해서 '좁은 길'이지만 옳은 길을 택한 사람들의 생애에 그들의 삶이 윤택하거나 최후가 좋았던 사람들을 거의 보지 못했다. 좁은 길에 비해 '넓은 길', 즉 옳은 것을 저버리고, 쉽게 나라를 버리며, 배신을 하고, 심지어 나라를 팔아먹고, 나라를 뺏은 사람들에게 부역하며, 진실을 왜곡하고, 자기 이익만 철저히 추구하는 기회주의자들이 얻은 것은 아무것도 없다는 사실을 잊어서는 안 된다.

넓은 길을 선택한 이들에 대한 역사적 평가는 가혹했고, 앞으로도 가혹할 거야. 그러니 너희들은 눈앞의 이익만 보고 달려드는 나방과 같은 인생을 살지 말고 나비와 같이 한 번의 날갯짓이라도 힘차게 하늘을 향해 뉴욕에 허리케인을 부르듯 세상을 새롭게 하는, 보이진 않지만 새로운 변화를 만들고 마는 카오스의 힘이 되기를 바란다.

구소련 대통령. 1985년 공산당 서기장에 선출된 뒤 글라스노스트 · 페레스트로이카 정책을 추진해 냉전 종식에 기여했다. 동유럽의 민주화 개혁 등 세계질서에도 큰 변혁을 가져왔다.

미국의 제32대 대통령. 경제공황을 극복하기 위해 정부가 시장에 개입하는 뉴딜 정책을 추진했다. 제2차 세계대전 중에는 연합국 회의에서 지도적 역할을 다해 전쟁 종결에 많은 노력을 기울였다.

너의 미래를 긍정하라

미래는 너의 소망에 달렸다

먼저 개구리 이야기 하나 해줄게. 프랑스 요리 중 삶은 개구리 요리가 있대. 이 요리는 요리사가 직접 손님들 앞에서 즉석으로 요리를 해준대. 맨 처음에 개구리가 가장 좋아하는 온도의 물속에 개구리를 넣고 1분에 0.25도씩 온도를 높여 나가는 거야. 그럼 개구리는 물이 뜨거워지고 있다는 것을 모르고 편안하게 잠자다 죽게 되는 거야. 이런 현상을 삶은 개구리 신드롬Boiled Frog Syndrome이라고 불러. 자기 계발 분야에서는 변화무지증후군 혹은 비전상실증후군이라는 말로 번역되지.

우리도 삶은 개구리와 같은 어리석음을 저지를 때가 있는 것

같아. 처음엔 몇백 원, 몇천 원을 훔치다가 나중에는 몇억, 몇백
억 원을 횡령하는 비리를 저지르게 되는 일이 비일비재하거든.
아주 작은 도둑질을 해도 죄책감을 자꾸 눌러버리면 자꾸 면역
이 생겨 결국에는 엄청난 잘못을 저지르고도 양심의 가책을 받
지 않게 된단 얘기지. 바늘 도둑이 소 도둑 된다는 거야.

　따라서 성품의 훈련, 마음의 훈련은 아주 작은 일에서부터 시
작해야 한단다. 그래서 성경은 "그 무엇보다도 너는 네 마음을
지켜라(잠언 4장 23절)"고 얘기하고 있어. 이 구절은 세상에서 가장
지키기 힘든 것이 마음이라는 뜻이란다.

　마음이 사람을 살리기도 하고 죽이기도 해. 마음이 긍정적이
고 강한 사람은 어떤 상황, 어떤 위기가 와도 자신을 지킬 뿐 아
니라 옳은 길로 간단다.

　그러면 왜 사람들이 마음을 지키지 않고 쉽게 죄를 짓거나 타
락하게 될까? 나의 경험으로는 미래를 긍정하지 않기 때문이란
다. 내가 앞으로 미래에 큰 인물이 될 사람이라고 믿는다면 오늘
을 살면서 과오나 오점을 남기지 않으려고 노력하지.

　너희들도 뉴스를 통해 많은 정치인들, 기업가들, 교수들이 과
거에 저지른 비리 때문에 원하던 높은 자리에 오르지 못하고 낙

마하는 것을 보았을 거야. 밝은 미래를 꿈꾸는 사람은 오늘 바로 이 순간에 죄와 타협하지 않고 바른 길을 고집하며 간단다. 그것을 이루려면 강력한 자기 비전이 있어야 한단다. 그것이 바로 '생생하게vivid 꿈을 꾸면dream 이루어진다 realization'는 R=VD 법칙이란다. R=VD는 소프라노 김정원 씨가 『마녀가 더 섹시하다』라는 책에서 말한 법칙이야.

꿈을 이룬 한 사람의 이야기를 해줄게. 그는 영화를 만들면서 앞으로 미래에 기술력이 발달하면 시리즈를 완결하겠다는 낙관적인 생각을 했단다. 그는 원래 카레이서가 꿈이었는데 어떤 계기로 세계적인 영화감독이 됐지. 그는 세상 모든 사람들에게 우주에 대한 꿈과 희망을 열어준 초대형 SF 영화 「스타워즈 시리즈」를 만든단다. 그가 맨 처음 스타워즈 시리즈를 구상할 때는 기술력이 부족해서 그런 초대형 SF 영화를 만들 수 없는 여건이었어.

아마 보통 사람 같으면 '에이 다른 할 일도 많은데 관두지 뭐!' 하고 때려치웠을 거야. 하지만 그는 '지금은 돈이 없으니 있는 돈으로 만들고 다음에 돈이 많아지면 만들 작품은 우선 시나리오만 만들어 두자'라고 생각했어. 그리고 '지금 기술이 부족하다면 나중에 컴퓨터그래픽 기술이 발달했을 때의 작품을 마지막으로 하고 우선 할 수 있는 작품부터 만들자' 라고 긍정적으로 생각했단다. 연작으로 작품을 만든단다.

그가 바로 조지 루카스야. 그는 이런 말을 했어.

"우리는 모험에 뛰어들 수 있을 정도로, 그리고 장애물을 뛰어넘고 벽을 뚫고 나갈 정도로 뜨겁게 사랑하고 소망하는 일을 찾아야 한다. 당신이 지금 하는 일에 대해 긍정적인 생각을 갖지 못한다면 조금만 위협적인 장애물을 만나도 바로 물러서고 말 것이다."

루카스는 1944년에 미국 캘리포니아의 머데스토에서 태어났단다. 그의 아버지는 사무용품을 공급하는 가게를 운영했대. 그는 어린 시절 만화책을 유달리 좋아했고 우등생과는 거리가 멀었다고 할 정도로 자유분방한 아이였다고 해. 그의 아버지조차 아들을 두고 "루카스는 공부로는 성공하기가 힘든 아이!"라고 말할 성노었대.

그는 사춘기를 지나면서 만화책을 뒤로하고 이번에는 자동차 경주에 흠뻑 빠져들었단다. 졸업을 3일 앞두고 차를 몰다가 친구 차와 충돌해서 죽을 뻔한 적도 있어. 아마 그 일을 겪지 않았다면 그는 계속 자동차 경주를 했을 거야. 우리는 그를 자동차 경주장에서 만나야 했을지도 모른단다.

　루카스는 자동차 사고로 입원해 있는 동안 자신의 미래에 대해 곰곰이 생각하게 된단다. 앞으로 어떤 소망을 품을지에 대해서 말이야. 그는 자신이 어렸을 때 만화 그리는 걸 좋아했던 것을 생각해내고는 화가가 되겠다고 결심하지. 그리고 그 사실을 아버지에게 말했어. 하지만 아버지는 반대했지. 아마 나 같으면 실망하고 좌절해서 방황하다 엇길로 나갔을 거야. 하지만 그는 그러지 않았어,

　그는 아버지가 반대하는 데는 이유가 있을 거라고 생각했어. 그래서 우선 방향을 돌려 머데스토의 전문대학에 입학해 사회과학을 전공했단다. 그러면서 학교에 들어가자마자 독서에 빠지게 된단다. 그는 여기서 후일 영화의 기초가 되는 철학과 과학사회학의 기초를 굳히게 되지. 많은 양의 책을 읽고 학문의 기초를 닦았기 때문이란다. 그리고 다시 남캘리포니아 대학USC에 진학하게 됐지. USC의 영화과에서는 카메라를 마음대로 만지게 된 것이 행운이라면 행운이었어.

　하지만 처음에 루카스는 영화감독 지망생이 아니었대. 그는

카메라맨 지망생이었어. 하지만 영화과에 다니다 보니 영화 제작 공부를 해야만 했어. 루카스는 시나리오 쓰는 것을 가장 고통스러워했어. 그는 억지로 스토리를 구상하는 것을 싫어했지. 대신 '볼거리가 풍부한 영화'를 좋아했다는구나. 아마 그때부터 비주얼에 강한 영화 천재가 될 싹이 보였던 거 같아.

난 조지 루카스가 참 생각이 반듯하고 긍정적이라는 생각을 했어. 그는 생각했던 일이 막히면 좌절하거나 멈추지 않고 얼른 다른 길을 찾아갔어. 또한 다음을 기약하고 먼 미래의 소망을 위해 기초를 탄탄히 쌓는 일도 게을리 하지 않았지. 그는 자신의 꿈을 버리지 않고 미래를 앞서 준비했어. 그러면서 자신의 꿈이 당장 불가능하다고 조바심 내지 않았어. 아주 차근차근 착실하게 준비를 해나갔어.

루카스는 2007년 자신이 다녔던 대학인 USC에 1억 7,500만 달러의 거액을 기부했단다. 우리나라 돈으로 약 1,660억 원이나 되는 거금이야. 이 금액은 USC 역사상 가장 많은 기부금이었어. 아마 그는 대학에서 공부하면서 꿈을 정했고 그 꿈을 위해 준비할 수 있게 해주었던 것에 대해 감사해서 그런 거액을 기부하지 않았나 싶다. 그는 매우 긍정적이고 낙천적인 사람이 분명해.

루카스필름 재단을 통해 USC에 전달된 이 돈은 1만 2,700제곱미터 규모의 영화 학습 관련 건축물과 영화학과 장학기금으로 쓰였단다. 루카스 감독은 성명을 통해 "1960년대 이곳에서 공부를 하며 영화와 영화 제작에 대한 열정을 발견했고 재학 시절의 그런 소망들이 나머지 인생을 다듬었다"고 말했지.

그는 또 "젊은이들이 배움의 열정을 갖기를 원했던 내가 이런 소망을 모아 후배 영화 제작자들이 미래를 형성할 수 있도록 돕게 돼 대단한 행운이라고 생각한다"고 밝혔단다.

간절히 원하면 신화는 내 것이 된다

1895년 영화라는 새로운 엔터테인먼트 산업이 탄생했어. 곧이어 나온 작품들 가운데 공상과학 영화가 눈에 띈다는 사실이 흥미롭구나. 1902년 발표된 멜리에스의 「달세계 여행」이 가장 대표적인 작품이야. 사람들은 공상을 '실감나게' 재현할 수 있는 가능성을 영화에서 찾은 거지. 그후 공상과학 영화는 다양한 '현실들'을 실감나게 제공하면서 철학적 사고를 자극하는 분야가 됐단다.

그리고 1977년 처음 개봉된 루카스의 「스타워즈 에피소드 4」
는 작가의 말대로 '여섯 개의 이야기로 된 한 편의 영화'로서
서구인들에게 이미 '신화'가 돼버린 SF작품이야. 그는 지원금을
받아 저예산 영화를 표방하며 그냥 생각 없이 영화관에 걸었는
데 대박을 터뜨린 작품이라고 말했단다.

그는 영화 「스타워즈 에피소드 4」를 개봉할 때 비록 흥행에 실
패해도 캐릭터 상품은 이익을 낼 거라고 판단했어. 결과적으로
그 판단은 적중했지.

그것이 현실로 드러난 것은 16년간의 기다림 끝에 「스타워즈
에피소드 1 – 팬텀 메너스(보이지 않는 위험)」때의 이야기란다. 이
영화는 스타워즈 시리즈로 제작된 영화로는 네 번째이지만 이야
기 순서로는 제일 첫 부분에 해당한단다. 이 영화가 미국의
3,000여 개 극장에서 개봉되자 개봉 한 달 전부터 관객들이 극
장 앞에 진을 쳤어. 드디어 5월 3일 캐릭터 상품이 공개되자마다
슈퍼마켓이 초토화됐단다. 고객들이 캐릭터 상품을 사리고 한꺼
번에 달려들었지. 미국은 점잖은 『뉴욕타임스』부터 패션잡지인
『보그』까지 거의 모든 언론이 영화 「스타워즈 에피소드 4」를 다
루면서 거의 패닉 상태에 빠졌단다.

「스타워즈 에피소드 4」는 한 스크린당 2만 808달러를 벌어들였어. 보통 블록버스터 영화가 8,000달러 정도를 벌던 것과 비교하면 엄청난 금액이었지. 물론 이 영화에 대한 평가는 완전히 극과 극을 달리하고 있단다. 비평가들 대부분이 "디지털 촬영은 봐줄 만하나 지루하고 실망스런 영화"란 혹평을 내놓았어. 반면 영화를 본 관객의 호응은 뜨거웠지. 관객 중 70퍼센트 이상이 "다른 사람에게 권하겠다"고 대답했단다. 이런 상반된 평가가 나온 데는 영화 외적인 요인들도 크게 작용했다고 보여.

관객들은 「스타워즈 에피소드 1」의 이야기가 이미 20년 전에 나온 스타워즈 시리즈를 통해 확인한 '다 아는 뻔한 이야기' 임을 전혀 문제삼지 않았어. 거의 30년 만에 완성되었다 보니 전편이 가물가물하다는 사람도 많았어. 나 역시 워낙 오래전에 봐서 그 내용이 가물가물하단다.

게다가 순서대로 개봉한 것도 아니잖아. 4-5-6-1-2-3 순으로 개봉돼 내용이 헷갈리기 십상이야. 완결판을 제대로 보려면 전편 복습부터 해야 할 판이지.

그가 가장 처음 만든 「스타워즈 에피소드 4」의 부제는 '새로운 소망' 이란다. 이야기의 구조는 타킨 총독이 제국을 일으켜 우주를 지배하려 하면서 은하계의 평화가 깨진다. 타킨에게 붙잡힌 레아 공주는 제다이 기사 오비원 케노비에게 도움을 청하고, 이 과정에 소년 루크와 청년 한 솔로도 동참한다. 공주는 구출되지만 케노비는 숨진다는 줄거리지.

소망은 제국의 역습으로 깨진단다. 그러다가 「스타워즈 에피소드 6」은 제다이가 귀환함으로써 새로운 소망의 불씨가 지펴지는 듯하지.

그런데 「스타워즈 에피소드 1」로 가면서 소망을 위협하는 보이지 않는 위험이 있음을 암시한단다. 그리고 그 실체는 「스타워즈 에피소드 2」에서 클론의 습격으로 드러나고 말지.

루카스는 교통사고로 병원에 있던 시절부터 스타워즈 시리즈에 대해 막연하게나마 생각해왔대. 루카스의 작품세계를 관통하는 주제는 '향수'였어. 영원에 대한 소망. 그것이 그의 상상력을 자극한 것이지. 그러고 보면 스타워즈 시리즈의 시작이 '옛날 옛적 은하계에서'란 자막으로 시작하는 것은 우연만은 아닌 것 같구나.

그는 감독으로서 인정받은 다음 시나리오를 들고 영화사를 찾아다니며 제작비 지원을 요청했단다. 하지만 영화사들은 이 영화가 B급 SF로 저예산 영화란 생각을 하고는 모두 거절했대. 결국 이리 뛰고 저리 뛰어다닌 결과, 20세기 폭스사와 계약을 할 수 있었대.

하지만 20세기 폭스사에서 '스타워즈 시리즈' 전체를 영화화하는 데 동의한 것은 아니었어. 결국 그는 신중히 고민한 결과 시리즈 중에서 관객들이 재미있게 볼 수 있는 「스타워즈 에피소드 4」를 가장 먼저 만들기로 했다는구나. 1970년대 영화 제작 기술로는 한계가 있어서, 먼저 「스타워즈 에피소드 4」「스타워즈 에피소드 5」「스타워즈 에피소드 6」을 만들고 고도의 기술이 필요한 「스타워즈 에피소드 1」「스타워즈 에피소드 2」「스타워즈 에피소드 3」은 시간이 더 지난 후에 만드는 게 좋을 것이라고 판단해서야. 결국 그렇게 해서 영화가 순서대로 만들어지지 않은 거야.

그는 장차 미래에는 영화의 특수기술이 발달할 거라고 예상했어. 그의 그런 긍정적인 예상은 맞아떨어졌어. 나는 그의 삶 전체를 관통하는 키워드가 바로 그 긍정적인 사고라는 생각이 든다. 세상을 살아가는 데 있어 유일한 원동력은 긍정이라고 생각해. 그가 자신의 꿈을 가지고 자신의 길을 가 세계적인 영화

감독이 된 데는 환경보다 긍정적인 사고를 갖고 있었기 때문이라고 생각해. 지구가 결국은 죄로 인해 자멸의 길로 갈지라도 긍정적인 생각을 버리지 않으면 언제든지 다시금 시작할 수 있다는 믿음. 그것이 그의 영화에서 읽어야 할 메시지가 아닐까.

좌절은 현실에 대한 죄

미국인이 미국 대통령보다 더 존경한다고 뽑은 최고의 인물이 누구인 줄 알아? 그는 패니 크로스비라는 여성이란다. 그녀는 세 살 때 눈이 충혈이 돼서 병원에 갔는데 의사가 진단을 잘못해서 눈에 겨자습포제를 넣었대. 그 바람에 눈이 완전 멀고 말았지. 그러나 소녀는 소망을 잃지 않고 계속 문학 공부를 해서 나중에 세계 최고의 찬송가 시인이 됐단다. 우리나라 찬송가에도 그녀의 곡이 무려 28개나 된단다.

그녀는 절망적인 상황에 처했지만 하나님에게 도움을 구했고 소망을 버리지 않았어. 베토벤은 서른두 살에 청각 장애인이 됐지만, 오히려 그후에 주옥같은 「제9교향곡 합창」을 작곡했어. 스페인 최고의 작가 세르반테스는 전쟁터에서 왼팔을 잃은 상이

군인이었단다. 하지만 그는 하나 남은 팔로 불후의 명작 『돈키호테Don Quixote』를 썼지. 그뿐 아니라 헬렌 켈러는 앞을 볼 수도 들을 수도 없었지만 대학을 졸업하고 50여 년 동안 사회 문제와 장애인 복지를 위해 활발하게 활동했어. 예순을 넘긴 나이에도 미국 시각장애인협회의 대사가 돼 전 세계를 누비고 다녔단다. 1937년에는 우리나라도 방문했지.

그녀는 대학교에서 학생들을 가르쳤고 수많은 책을 썼단다. 사람들은 헬렌 켈러를 빛의 천사라고 불렀단다.

오늘날 많은 젊은이들을 보면 너무 일찍 포기하는 경향이 있단다. 자신의 한계를 정하고서는 그 선을 넘으려고 하지 않지. 이것을 뛰어넘는 긍정적인 생각의 힘을 소망 혹은 희망이라고 한단다.

헨델은 반신마비에다 파산까지 당한 상태였어. 그에게는 산다는 것 자체가 거의 불가능할 정도였어. 그는 그런 절망적인 상태에서도 긍정적인 생각을 갖고 불후의 걸작인 오라토리오 「메시아」를 작곡했어. 나중에 그는 그의 친구에게 이런 말을 했다고 한다.

"내가 「메시아」를 작곡할 때 천사들이 노래하는 소리가 들려 그 노랫소리를 들으며 작곡했어.”

이 곡은 1741년 헨델이 57세 되던 해에 필하모닉 협회의 자선 음악회를 위해 작곡한 거야. 성경을 텍스트로 해서 예수의 탄생, 골고다 수난, 부활, 영생을 그린 대작이지. 특히 제2부는 예수의 골고다 수난을 다루면서 ‘할렐루야 합창’을 불러 절정에 이르지. 1743년 런던에서 이 곡이 연주될 때 조지 2세가 벌떡 일어나 연주가 끝날 때까지 서 있었다고 해. 이때 모든 청중이 다 일어나서 감동의 눈물을 흘리며 감상했어.

오늘날도 우리는 「메시아」를 들을 때면 도저히 앉아서 들을 수가 없을 정도로 감동적이고 웅장하단다.

헨델이 어떻게 그 곡을 작곡하게 됐는지 들려줄게. 헨델은 1737년 4월 13일 오후에 화가 잔뜩 나서 연습장에서 집으로 막 돌아왔어. 화가 난 상태로 씩씩거리면서 얼굴은 벌겋게 상기된 채 이층으로 올라갔어. 그는 그곳에서 천장이 다 울리게 쿵쾅거리며 걸어가다가 그만 뇌졸중으로 쓰러지고 말았단다. 중풍이 온 거야. 덕분에 오른쪽 반신이 마비되고 말았단다.

그는 의사들의 충고를 받아들여 온천으로 갔어. 그는 긍정적인 생각과 삶에 대한 강렬한 열망을 갖고 죽음에 맞섰단다. 그래서 매일 아홉 시간씩 온천수 속에 들어가 치료를 받았대. 몸은 어느 정도 회복되지만 여왕의 죽음으로 연주회는 중단됐어. 설상가상 영국과 스페인이 전쟁을 벌이자 그가 운영하던 극장에는 손님이 없어 빚이 눈덩이처럼 늘어났어. 그의 처지는 점점 더 비참해지고 악화될 뿐이었단다. 필사적으로 싸웠지만 점점 용기를 잃게 되었어.

그러던 어느 날 밤 헨델은 친구이자 시인인 제닌스의 편지를 발견하곤 읽게 된단다. 그는 그 편지가 자신의 처지를 비난하는 것만 같아 소리를 지르며 악을 썼지.

"나의 감각, 나의 영성은 중풍과 함께 마비돼 버린 지 오래다. 그런 나더러 어떻게 작곡을 부탁할 수 있단 말인가?"

헨델은 다시는 작곡을 할 수 없다고 생각한 거야. 하지만 그렇게 외면하면서도 그의 눈길은 자꾸만 그 시로 갔단다. 결국 갈등 끝에 불안한 태도로 표제의 장을 넘기고 읽기 시작했지. 그는 첫 마디를 읽고 소스라친 듯 놀랐단다.

첫마디는 "'위로 받으라 내 백성아!'라는 하늘의 음성이었단다. 그것은 마치 그에게 하는 말 같았지. 원고를 한 장 한 장 넘길 때마다 손이 떨려왔단다. 그것은 하나님이 자신에게 소망을 잃지 말라는 말씀을 하는 것만 같았단다.

"주께서 그렇게 말씀하신다!" 그는 결론을 내렸단다. 소망이 있는 한 포기하면 안 된다는 긍정적인 생각의 음성으로 느껴지자, 당장 서재로 달려가 오선지를 펼쳤단다. 마음이 밝아지기 시작하면서 수정 같은 순수함의 광채가 음악으로 울려 나오기 시작하자 순식간에 곡들이 쏟아져 나오기 시작했지.

헨델은 잠들려고 했던 것도 잊어버리고 "그는 멸시를 당했다He was despised"라는 말을 읽으면서 병들어 온천에서 하루하루 지옥 같은 삶을 보냈던 무겁고 어두운 기억을 이 곡에 쏟아내기 시작했어. 그렇게 하룻밤이 흘러가고 다음날 아침 하인이 조심스럽게 방으로 들어왔을 때도 그는 변함없이 책상에 앉아서 쓰고 있었어. 마침내 3주 후인 9월 14일, 곡이 완성됐단다.

완성된 그 곡의 처음은 이렇게 시작된다. "들어보라, 나는 신비스런 이야기를 하겠네Behold, I tell you a mystery" 이것은 「메시아」의 1절이었는데 마치 농담처럼 시작된단다. 그런데 이 곡이 점점 후반부로 가자 사람들은 일어서서 말했단다.

"할렐루야! 우리는 지금껏 이런 음악을 일찍이 들어보지도 못했습니다. 당신이 하나님을 믿는 사람이라면 몸속에 악마가 있지는 않을 테니 성령이 당신에게 임한 것이 분명하군요.”

그는 쉰두 살에 중풍에 걸려 모든 희망을 잃었어. 그러나 그는 불굴의 의지로 다시 일어서 쉰세 살의 나이로 불후의 명작인 오라트리오 「메시아」를 작곡한 거야. 그의 이야기는 우리에게 긍정적인 생각의 힘이 무엇인지 깨닫게 한단다.

그는 이 곡의 수익금을 환자와 죄수들을 위해 썼단다. 이 곡의 수익금을 한 푼도 받지 않겠다고 한 서원을 지킨 거지.

나는 너희들이 아무리 위기를 당해도 좌절하지 않기를 바란다. 소망을 버리고 좌절하는 것은 죄야. 우리가 낙심하지 않으면 언제든지 때가 이르고 값진 결과를 거두게 되기 때문이지.

소망을 잃으면 미래도 잃는다

세계적인 화장품 회사 에스티 로더의 주인인 에스티 로더는 화장품을 바를 여유도 없는 가난뱅이였지. 호텔왕인 패리스 힐튼의 아버지 콘라드 힐튼은 한낱 벨보이에 불과했단다. 이순신은 고학력 실업자였고, 칭기즈칸은 결손가정 출신의 왕따였지. 나폴레옹이 전과자였다는 것은 참 우스꽝스럽지 않니? 영웅이요 황제인 그도 초라한 인생의 뒷면이 있었다니 말이다. 이들 모두의 공통점은 바로 '시작은 초라했으나 끝은 위대했다'는 것이란다. 이는 그들이 단지 1년을 살기 위해서 벼를 기른 것이 아니라 평생을 두고 성공을 유지하기 위해서 꿈을 길렀기 때문에 가능했던 거야.

『꿈꾸는 다락방』이란 책의 저자 이지성 씨는 그의 책에서 이렇게 말했단다.

"빌 클린턴과 조지 부시 같은 미국 전 현직 대통령들, 힐러리 로댐 같은 미국 상하원 의원들, 세계 최고경영자협회 회원들, 세계 각국의 올림픽 대표 선수단, 안드레 아가시나 그렉 노먼 같은 최정상급 운동선수들, 톰 크루즈나 짐 캐리 같은 유명 배우들, 바네사 메이 같은 세계적인 연주자들, 앨범을 낼 때마다 빌보드 차트 1위를 기록하는 가수들, 미국의 육해공군 장성들 역시 마찬가지다. 평생의 성공을 그리기 위해서 적게는 수천만 원에서 많게는 수억 원까지 지불해가면서 성공 VD전문가로부터 세계적인 VD교육을 받는 사람들이다. 그렇다면 성공의 마법을 걸어주는 VD라는 건 대체 무엇인가?"

저자는 방대한 자료를 바탕으로 이에 대한 법칙을 찾았고,

다양한 인터뷰를 통해 법칙을 보통 사람들이 생활에서 실행할 수 있도록 쉽게 정리했단다. 그것이 바로 앞에서도 소개한 '생생하게vivid 꿈을 꾸면dream 이루어진다realization'는 R=VD법칙이란다.

생생하게 꿈꾸며 매 시간마다 그것이 이루어지도록 간절히 마음에 그리고 소망하라고 했단다. 즉 긍정적인 소망을 가지라는 것이지. 난 소망이야말로 인간에게 주어진 하나님의 선물이라고 생각한단다. 물론 성경에서는 소망 중의 소망은 하늘나라에 대한 소망이라고 말한단다. 우리는 언제나 행복함이 가득한 천국에 갈 거라는 소망이 있기에 이 세상에서의 수고와 고통을 견딜 수 있지. 또한 천국의 소망을 가진 사람은 그래서 죽은 후에 자신이 어떤 사람으로 기억되는가를 항상 생각하며 긍정적인 생각으로 산단다. 살아 있을 때의 소망도 다 이루지 못하는데 웬 죽은 후의 소망이냐고 말할지도 모르겠다. 하지만 산다는 것과 죽는다는 것은 어떻게 보면 종이의 앞면과 뒷면 정도의 차이밖에 없단다. 삶과 죽음은 모두 다 중요하단 이야기지. 살아 있을 때 죽음과 죽음 이후를 준비해 두어야 해. 그런 생각을 갖고 사는 사람은 지금의 삶을 함부로 살 수 없을 거야.

"사람은 자신이 죽은 후 어떻게 기억되기를 바라는지에 대해 항상 생각해야 한다."

1950년 20세기의 대표적인 경제학자 조지프 슘페터가 임종 직전에 남긴 말이다. 세계적인 석학 피터 드러커는 그의 말을 늘 기억하고 산 사람 중의 한 명이란다. 그는 슘페터의 유언을 늘 생각하며 살았대. 그리고 그가 세상을 떠날 때 "나는 다른 사람들이 목적을 달성할 수 있도록 도와준 사람으로 기억되길 바란다"고 말했단다. 나는 피터 드러커의 마지막 유언이 정말 멋지다고 생각해.

개그우먼 김미화 씨가 방송에서 이런 말을 했단다. "사람이 죽으면 묘비에 그 사람은 '이러저러한 사람이다' 라고 기록해 놓는 경우가 있습니다. 그래서 저는 저의 묘비에 기록할 내용을 미리 생각해 놓았습니다."

김미화 씨가 자신의 묘비에 무엇이라 기록할 것 같니? 정답은 "웃기고 자빠졌네!"란다. 프로 직업정신으로 사신의 죽음 이후를 가지고 개그를 했지. 너희들은 이 세상을 떠났을 때 어떤 사람으로 기억되길 바라니? 내가 쓰는 이 편지의 주 내용은 이미 죽었지만 사람들에게 기억될 만큼 위대한 일들을 한 사람들의 삶을 이야기해 주는 거란다.

너희들의 인생도 나중에 많은 사람들에게 믿음과 긍정적인 생각을 주었던 사람으로 기억되고 이야기됐으면 좋겠구나.

긍정적인 사람에겐 길이 열린다

미국 신시내티에 있는 프록터 앤드 갬블P&G를 설립한 할레이 프록터라는 사람은 믿음이 좋은 사람이었단다. 회사가 아무리 어려워도 하나님 앞에 감사하고 십일조를 철저히 내는 독실한 기독교인이었어. 한번은 직원이 비누 만드는 기계를 규정된 시간보다 더 오래 가동시키는 바람에 엉터리 비누를 만들고 말았단다. 물에 둥둥 뜨는 비누를 만들게 된 거지. 이 직원은 어찌할 바를 모르고 당황했고 이 일로 회사가 큰 손해를 입게 되었단다. 이런 경우 보통 최고 책임자를 비롯해 많은 사람들이 화부터 내는 건 당연하지. 그러나 이 사실을 전해 들은 프록터 사장은 범사에 감사하는 사람이었기 때문에 화부터 내지 않고, 하나님 앞에 감사하면서 묵상하며 하나님께 부탁을 드리는 기도를 했다고 해. 그런데 그때 한 가지 생각이 그의 머리를 스쳐 지나갔다고 한다. 감사로 기도하는 자에게는 하나님의 축복의 영감이 임한다는 사실이 증명된 것이지.

그에게도 하나님의 축복의 영감이 임했던 것이야. 그 영감이 무엇이냐면, '목욕탕에서는 물에 뜨는 비누가 훨씬 더 좋지 않을까?' 하는 생각이었지. 그리고 엉뚱하게 만들어진 이 비누를 '아이보리' 라는 이름으로 시장에 내놓았단다. 그런데 이게 웬일이니! 이 비누는 나오자마자 선풍적인 인기를 끌게 되었고, 마침내 그는 거부가 되었단다. 지금도 '아이보리' 는 세계적으로 유명한 비누로 잘 알려져 있단다.

이처럼 불평은 어떤 환경도 지옥을 만들지만, 반대로 감사는 어떤 환경도 천국을 만든단다. 아무리 어려워도 긍정적인 성품을 키운 사람은 마음이 천국이란다.

어떤 사람이 죄를 지어 감옥에 들어갔대. 그는 처음엔 자신의 운명을 저주하고 재수 없었던 인생을 원망했지만 이윽고 감옥에서 죄를 회개하고, 자기 자신을 돌아보는, 자신이 낮아지는 기회로 삼았던 거야. 그러자 그 사람에게 감옥은 더 이상 감옥이 아니라 수도원처럼 평안해졌다고 고백했어. 아무리 어려운 환경이라도 감사하는 삶을 살면 그곳에 천국의 삶이 펼쳐진단다. 그러니 "말을 하든 일을 하든 무엇을 하든 모든 것을 주 예수의 이름으로 하고, 그분에게서 힘을 얻어서, 하나님 아버지께 감사를 드리라(골로새서 3장 17절)"란 말씀을 늘 마음에 새기고 감사하며 긍정적인 소망을 가지고 공부하고 연구하고 계획하는 사람이 되렴. 하나님이 너와 함께하실 거야.

조지 루카스
George Walton
Lucas Jr.
1944년~

**게오르크
프리드리히 헨델**
Georg Friedrich
Händel
1685~1759

영화감독. 1975년 특수효과 스튜디오 ILM을 설립했다. SF영화 '스타워즈 시리즈'를 제작했다.

독일 출생의 영국 작곡가. 런던을 중심으로 이탈리아 오페라의 작곡가로 활약했고, '왕립 음악아카데미'를 설립했다. 주요 작품으로는 오라토리오 「에스테르」 「메시아」 「알렉산더의 향연」 등이 있다.

모두에게 유익한 것을 바라라

험한 세상의 다리가 되자

내가 한때 즐겨 불렀던 팝송 중에 「Bridge Over Troubled Water(험한 세상의 다리가 되어)」란 곡이 있어. 가사는 이렇게 시작되지.

When you're weary, feeling small,

when tears are in your eyes, I'll dry them all.

I'm on your side, oh, when times get rough,

and friends just can't be found,

Like a bridge over troubled water, I will lay me down,

Like a bridge over troubled water, I will lay me down.

세상이 힘들어 그대가 왜소하게 느껴지고,

눈에 눈물이 고일 때면 눈물을 닦아 드리겠습니다.

세월이 그대를 힘들게 하고, 친구들은 보이지 않을지라도

저는 그대의 편에 서 있겠습니다.

거칠게 흐르는 물결 위의 다리처럼,

저를 낮추어 그대의 다리가 되어 드리겠습니다.

가사는 쉽지만 사실 이러한 삶을 산다는 것이 너희들도 어른이 되어보면 쉽지 않단다. 하지만 그렇다고 해서 마음의 원칙마저 버려서는 결코 위대한 사람이 될 수 없단다. 실천하긴 힘들지만 그 원칙 가운데서 나온 너의 그 마음의 향기가 세상을 변화시키기 때문이란다. 이 세상에서 가장 향기로운 향수는 발칸 산맥의 장미에서 나온다고 하는구나. 장미 생산업자들은 발칸 산맥의 장미를 가장 춥고 어두운 시간인 자정에서 새벽 2시 사이에 딴다고 해. 그 이유는 장미가 한밤중에 가장 향기로운 향을 뿜어내기 때문이지. 마찬가지로 인생의 향기도 가장 극심하고 어려운 고통 중에 발하는 것이 아닐까?

여기 사람들의 도움이 되어주기 위해 서로가 서로를 연결해

다리가 된 사람들이 있어 한 번 이야기해볼까 한다.

집적회로IC는 핸드폰, MP3 플레이어, 컴퓨터, 전기밥솥, 세탁기, 냉장고 등 거의 모든 전자기기에 사용된단 것을 잘 알 것이다. 그런데 너희들은 누가 어떤 과정을 거쳐서 집적회로를 발명했는지 알고 있니? 아마 다들 잘 모를 거야. 자, 그럼 이제부터 누가 어떻게 발명했는지 알아볼까?

집적회로는 잭 킬비와 밥 노이가 발명했어. 집적회로가 없었다면 오늘날과 같은 인터넷이나 IT 세상이 오는 데는 한참 시간이 걸렸을 거야. 그런 면에서, 그들은 현대 정보화 시대의 선구자라고 할 수 있어.

잭 킬비는 1923년 11월 8일 미국 미주리 주 제퍼슨시티에서 태어났단다. 1950년 위스콘신 대학교 대학원에서 전기공학 석사 학위를 받았어. 1958년 텍사스 주 댈러스에 있는 세계적 전자공업회사인 텍사스인스트루먼트TI사로 자리를 옮겼지.

킬비는 TI에 입사한 다음해인 1959년에 반도체 공정을 이용해 세계 최초로 소자들을 1개의 게르마늄 칩 위에 집적시키는 데 성공한단다. 다만, 그가 개발한 방법은 칩 위의 부품들을 미세한 금선으로 서로 연결시키는 거라 다소 불편한 점이 있었어.

이 방법은 작업을 일일이 손으로 해야 했기 때문에 대량생산이 불가능했어.

그러나 그가 집적회로를 발명한 덕분에 어마어마한 정보를 손톱만한 크기의 칩 속에 집적시킬 수 있는 방법이 개발될 수 있었어. 이로써 현대과학의 핵심인 마이크로일렉트로닉스가 발달할 수 있는 계기가 마련됐지. 덕분에 강력한 슈퍼컴퓨터는 물론 첨단자동차, 우주탐사선, 의학진단장비 등을 제어하고 자료를 자동 처리하는 것이 가능해졌단다. 말 그대로 노래의 한 가사처럼 '험한 세상의 다리'를 놓은 사람이 된 거야.

제2차 세계대전이 끝난 지 2년 만인 1947년 성탄절 무렵, 이런 꿈같은 세상이 다가올 것임을 예고하는 상징적인 사건이 일어났단다. 반도체 기술의 시작을 알리는 트랜지스터가 세상에 처음 등장한 거야. 진공관보다 작고 안전하고 전력 소비량도 적은 소자였어. 진공관과 트랜지스터는 아날로그 시대에서 디지털 시대로 넘어긴 관문이 된 역사적 발명품들이란디. 훗날 트랜지스터를 공동 개발한 윌리엄 쇼클리, 존 바딘, 월터 브래튼은 그 공을 인정받아 노벨상을 받았어.

물리학이 발견한 원자와 전자를 이용해 전파를 따라 음성과

화상이 빛의 속도로 움직이게 되고 디지털의 신호 장치를 통해 정보가 생각의 속도로 움직이게 만들었단다.

트랜지스터와 같은 이 작은 소자들을 배선회로판 위에 납땜해 복잡한 연산을 기계적으로 처리할 수 있는 계산기를 만들 수 있게 됐지. 하지만 그때까지만 해도 이런 식으로 컴퓨터를 만들려면 너무 많은 트랜지스터가 필요했단다. 그래서 1950년대 초부터는 트랜지스터, 저항기, 축전기 등을 하나의 복합 반도체 기판, 즉 집적회로 안에 내장하려는 시도가 나타났단다.

잭 킬비와 로버트 노이스는 이러한 집적회로의 개발이 실제로 가능하다는 사실을 입증했지. 이들은 각각 따로 집적회로 연구에 몰두했어. 그리고 1958년에 개발에 성공했단다. 그들이 각각 개발한 것을 한데 모아 다시 설계하고 연구한 집적회로는 트랜지스터 1개, 저항기 3개, 축전기 1개 등 모두 5개의 소자를 하나의 반도체판 위에 모아놓는 실험에 성공한단다. 그들의 집적회로 제작이론과 시험판이 없었다면 지금 널리 사용되고 있는 수많은 디지털 기기들은 상상조차 할 수 없었을 거야. 난 너희들도 잭 킬비와 로버트 노이스처럼 세상에 다리가 되는 사람이 되길 바란다.

오늘의 소망이 내일 위대한 결과를 낳는다

"사람들은 소망을 가집니다. 그리고 그 소망이 이루어지길 원합니다. 그런데 어떤 사람의 소망은 이루어지지만 어떤 사람의 소망은 이루어지지 않습니다. 그 차이는 무엇입니까?"

미국의 한 기자가 멕시코 대통령에게 물었단다. 그리고 이어서 "북미와 남미가 그처럼 다른 이유가 무엇이라고 생각하십니까?" 그러자 멕시코 대통령은 그 질문의 의도를 정확하게 파악하고 이렇게 대답했단다.

"소망이 달랐기 때문입니다. 북미의 청교도들은 신앙을 위해 하나님을 찾으러 왔지만 남미의 에스파냐인과 포르투갈 사람들은 금을 찾으러 왔습니다. 북미의 청교도들은 하나님도 찾았고 금도 찾았지만, 남미의 에스파냐인과 포르투갈 사람들은 금도 놓쳤고 하나님도 찾지 못했습니다."

소망이라고 다 같은 것은 아니란다. 그 소망이 무언인기에 따라 그 결과는 분명 달라진다. 사랑하는 너희들은 지금 무슨 소망을 가지고 있니? 한두 번 실패하면 포기할 그런 소망은 진정한 소망이 아니라 그저 바람일 뿐이다. 소망은 꼭 해야 한다는 절대적인 것이지. "올해는 내가 몇 등을 하겠다" "내가 어떤 대학 어떤 과에 꼭 합격하겠다" "어떤 회사에 내가 취직하겠다" 이것도 우리의 소망이 될 수 있어. 그러나 하늘이 내려주는 마음의 소망은 하나님과 하나님의 나라를 기억하는 것이란다. 즉, 죽어서 사람들에게 어떤 사람으로 기억될 건지, 신은 어떤 평가를 내릴 것인지를 깊이 생각해야 해.

미국이 세계 최고의 정보기술들을 가지고 우뚝 설 수 있었던 것은 실리콘밸리 덕분이라는 것을 잘 알 거야. 그런데 이 실리콘밸리의 전설이 된 사람 또한 앞서 말한 로버트 노이스란다. 어느 날 노이스와 실리콘밸리 최고의 마케팅 전문가인 레지스매케나 사이에 이런 대화가 오갔다.

매케나 : 실리콘 밸리의 수많은 기업이 실패합니다.

노이스 : 아마도 실패한 것이 아닐 겁니다.

매케나 : 무슨 뜻입니까?

노이스 : 실패한다는 것은 새로운 것을 시도하고 있다는 뜻이지요.

이 말은 결국 시도하지 않는 사람은 실패도 없다는 뜻이야. 실패가 속출하고 있다는 것은 오늘도 누군가가 도전을 하고 있다는 뜻이란다.

어떤 일을 할 때 그 일이 모두 성공해야 하는 건 아니야. 그중 하나만 성공해도 훌륭하다고 할 수 있단다. 하지만 우리는 너무 실패하는 걸 두려워 해. 기업이나 샐러리맨 모두 어떻게 해서든 실패와 곤란한 상황을 피하는 게 최선이라고 여기지. 하지만 그건 정말 옳지 않은 생각이야.

다시 말해 실패와 곤란한 상황을 피하기 위해 잔꾀를 쓰다 보면 시도를 하지 않게 되고 큰일을 할 수 없다는 거야. 너희들은 실패를 두려워해서는 안 돼. 톰 피터스는 이런 말을 했어.

"놀라운 상상력과 피나는 노력을 겸비한 '실패' 야말로 기업과 개인이 추구해야 할 목표이며 내가 살아갈 이유이다. 더 심하게 말하면 실패만이 살 길이다. 과감하게 거친 바다로 뛰어들지 않으면 무법천지에 대박이라는 대어를 낚을 수 없다."

예수님도 이렇게 말씀하셨어. "이 산더러 저 바다에 빠지리라 하면 그대로 되리라"고. 그만큼 도전은 아주 중요하다. 실패가 두려워서 주저하는 사람은 자신의 가능성을 제대로 다 펼쳐보지 못하게 돼. 그럼 어떻게 두려움을 극복할 수 있을까? 그 극복의 원동력은 바로 꿈과 소망이다. 신은 인간에게 무한한 가능성을 주었다는 것을 잊지 말렴.

독일의 뇌 과학자 에코노모가 인간의 머리를 자세히 연구했는데, 인간의 뇌는 무게가 1,500그램밖에 안 되지만 마치 국수를 만들려고 밀가루를 반죽해 넓게 펼친 것처럼 돼 있었대. 이걸 펼치면 1,240제곱센티미터였지. 신문지 한 면 크기만하지. 그런데 놀라운 것은 그 안에 136억 5,300만 개의 뇌세포가 들어 있었던 거야.

그런데 독일의 대문호 괴테는 일생 동안 뇌를 0.4퍼센트 사용했어. 세계에서 뇌를 가장 많이 사용했다고 흔히 말하는 아인슈타인도 0.6퍼센트밖에 사용하지 못했다고 해. 그러니 인간은 신이 준 가능성의 1퍼센트도 제대로 사용하지 못하고 죽는 셈이라 할 수 있어.

신은 인간을 만들 때 엄청난 가능성을 주었어. 그래서 인간이 무슨 일을 할 때 신이 함께 도와준다면 이 세상에 불가능한 일은 없게 돼. 지그 지글러는 이런 하나님이 주신 가능성을 파묻어 두고 사는 사람을 "거룩한 도둑놈"이라고 불렀어. 그렇다면 90퍼센트의 사람들이 거룩한 도둑놈이라는 얘기가 되지.

인간은 누구나 다 무한한 가능성을 갖고 있단다. 다만 악조건들을 생각하고 주저하다가 제대로 사용해보지 못하고 마는 거지.

미래학자 폴 사포는 이렇게 말했단다. "지금의 실리콘밸리는 지난날의 영광이 아니라 오늘의 실패 위에 세워졌다." 케빈 켈리도 자신의 저서 『통제불능Out of Control』에서 실리콘 밸리의 역사를 한마디로 압축했단다. "고속성장의 비결은 비효율, 즉 빠르고 격렬한 수많은 실패다."

그들의 말을 종합하자면 빠른 성공의 비결은 빠른 실패란 것이다. 또 커다란 성공의 비결은 커다란 실패라고 할 수 있어. 세상을 움직이는 것은 성공이 아니라 실패란 이야기도 된다. 실패는 대개 안전지대에서 벗어나 무언가 새로운 것을 시도했을 때 겪게 돼. 하지만 실패하는 그 와중에 중요한 것을 배울 수 있단다.

그 누구보다 더 많은 실패를 했던 노이스와 킬비의 말을 귀담아듣기 바란다. 그들은 10년 넘게 한 프로젝트에 매달려 연구에 연구를 거듭했단다. 혼자서 안 되니 공동으로 하고 또 공동으로 하다가 막히면 각자 다른 방법을 모색해보면서 말이야. 결국 성공은 나무 아래 누워서 감이 떨어지기를 기다려서는 주어지지 않아. 노이스와 킬비는 그 사실을 증명해 보인 거지.

로버트 노이스와 잭 킬비가 함께 개발한 실리콘 IC는 칩 위의 절연 실리콘 표면에 전도 채널을 직접 입히는 기술이야. 그들은 수천 번의 실험 끝에 그 기술에 성공해서 현대인들에게 선물로 안겨주었단다.

끝까지 소망을 버리지 않고 무미건조하고 지루한 일을 반복한다는 것은 엄청난 인내와 끈기 없이는 불가능한 일이란다. 하지만 이 세상 어떤 일도 그런 불굴의 노력 없이 얻어지는 건 없어. 비록 실패한다 해도 소망을 버리지 않고 끝까지 지키는 사람만이 위대한 일을 이룰 수 있단다.

인류를 바꿀 소망을 품어라

인류 역사는 따지고 보면 무한한 가능성에 대한 도전의 역사라 해도 과언이 아닐 듯하다. 인류 역사의 발전은 불가능해 보이는 것들을 가능하게 만드는 과정이었어.

얼마 전 우리나라 한 조선업체가 물 위를 나는 꿈의 배 '위그선'을 개발했다고 발표했더구나. 시속 300킬로미터 속력을 내는 이 배는 2012년부터 상용화가 가능하다고 해.

하지만 이러한 개발을 위해 홀로 연구해야 하는 사람의 입장에서 보면 너무나도 힘든 길이란다. 남들이 가지 않는 길이기 때문이지. 성공 확률도 낮다. 난관의 연속이지. 평생을 연구하다가 결국 성공하지 못하고 일생을 마친 사람들이 한두 명이 아니다. 꼭 해야 할 이유를 발견하지 못하면 할 수 없는 일이기도 하단다.

혹시 중세시대 신부들이 무슨 일을 했는지 궁금한 적 없니? 신부들이 하는 일은 대부분 어두운 방 안에서 성경이나 책 들을 옮겨 적는 것이었단다. 그때는 활판 인쇄술이 부족해서 일일이 다 적어야 했지. 그러니 그때는 책값이 얼마나 비쌌겠어. 몇몇 소수의 부유한 귀족들만 책을 구입할 수 있었어. 그러다 보니 귀족들이 모든 지식을 독점하게 된 거지.

그런데 구텐베르크가 금속 활판 인쇄술을 발명하면서 세상은 완전히 바뀌게 됐어. 책을 대량으로 찍게 된 거야. 그 덕에 많은 사람들이 책을 싸게 사서 읽을 수 있게 됐단다. 사람들은 책을 통해 지식을 쌓고 정보를 교환했어. 또한 자신의 생각을 담은 글을 대량 인쇄해서 벽에 붙일 수도 있게 됐어. 참, 구텐베르크의 금속 활판 인쇄술은 세계 최초는 아니야. 우리나라에서 구텐베르크보다 70여 년 앞선 1377년에 금속활자 책 『직지심경』을 만들었기 때문이야. 현재 프랑스 국립도서관에 소장돼 있단다. 2001년 9월에는 유네스코 세계기록유산으로 지정됐어.

구텐베르크는 부유한 귀족 가문에서 태어났어. 하지만 행복하고 풍요로운 생활은 오래가지 못했어. 당시 그가 태어난 마인츠에서는 귀족 출신과 길드 조합원 사이가 좋지 않아서 자주 싸웠어. 그러다가 구텐베르크의 아버지는 불만을 가진 길드 조합원들이 시청을 점거하는 바람에 의원직과 주조소 관리직에서 쫓겨나고 말았어.

그후 구텐베르크는 돈을 벌어야 할 필요는 없었지만 만약을 대비해 기술을 배우기로 했어. 그는 아버지가 맡고 있던 주조소에서 금화 만드는 일을 배웠어. 또한 그곳에서 오랫동안 일하면서 금속 가공 기술을 익혔지.

구텐베르크는 원래 책 읽는 걸 좋아했어. 하지만 책은 너무 비싸서 마음대로 구해 읽을 수가 없었어. 그러던 중 도서관에서 예쁜 책을 보고 나무판에다 글자를 새겨서 책을 만들어 보기로 했던 것이지. 나무판으로 글자를 새겨서 한 장 한 장 책을 새기다 보니 시간이 많이 걸린다는 것을 알았단다. 그래서 '어떻게 빨리 책을 만들 수 없을까?'를 연구했단다.

그는 책값이 싸져서 누구나 책을 사서 읽을 수 있게 되기를 바랐어. 소망이 발명을 낳고 발명은 또 다른 소망을 낳는대. 구텐베르크는 자신의 소망을 이루기 위해 많은 연구를 하기 시작했단다.

그는 어느 날 목판 인쇄본을 만들다가 실수를 하는 바람에 거의 다 판 목판에 흠집을 내고 말았어. 그동안 정성 들여 판 목판 인쇄본을 못 쓰게 된 거지. 딱 한 번의 실수로 말이야.

그때 구텐베르크의 머리에 번쩍 떠오르는 생각이 있었지. 못 쓰게 된 나무판 글자를 한 자 한 자 칼로 잘라내는 거야. 그래서 한 글자 한 글자 조합해 맞추면 책을 찍을 수 있다는 생각을 했지. 실수를 통해 좋은 아이디어를 얻은 거지.

또 나무는 몇 번 쓰면 닳아서 사용할 수가 없었지. 그래서 이번에는 금속으로 활자를 만들기로 했단다. 금속 중에서도 납이 가장 좋았어. 그는 납에다가 안티몬이라는 금속을 섞어서 쇠를 끓여 활자를 만들었대. 결국 그의 생각은 수요해서 금속 활판 인쇄술이 발명되게 됐지.

이 활판 인쇄술에 가장 큰 혜택을 본 사람은 바로 종교개혁의 아버지 루터였단다. 그는 면죄부 판매에 반대하며 「95개조의 반박문」을 발표했어. 이 반박문을 전 지역으로 널리 퍼뜨릴 수 있었던 건 다 활판 인쇄술 덕분이지. 만약 그렇지 않았다면 루터의 종교개혁은 실패했을 거야. 그러고 보면 진정한 정보혁명은 바로 구텐베르크의 금속 활판 인쇄술 발명에서 시작됐다고 해도 과언이 아니지.

노벨 평화상 수상자이자 미국의 부통령을 지낸 엘 고어는 2005년 5월 19일 서울디지털포럼 개막식 연설에서 "독일의 구텐베르크가 인쇄술을 발명했다고 말하지만 서양의 교황 사절단이 한국을 방문한 뒤 얻어온 기술"이란 점을 지적하면서 "이런 면에서 현재 한국에서 일어나고 있는 디지털 혁명은 역사적으로 보면 두 번째로 획기적이고 혁신적인 기술 발전기여 사례가 될 것"이라고 말해서 크게 화제가 된 적이 있단다.

구텐베르크의 금속 활판 인쇄술의 발명은 서양의 종교개혁과 과학혁명으로 이어졌어. 근데 엘 고어는 연설을 통해 구텐베르크의 그 기술은 구텐베르크의 친구인 교황 사절단이 고려를 방문했다가 금속 활판 인쇄술의 기술을 가져갔기 때문에 가능했다는 거야.

기술이나 문명은 어차피 돌고 도는 것이니 틀린 말은 아니겠지. 구텐베르크의 인쇄술이 유럽 사회에 혁명적 변화를 가져온 것도 어떻게 보면 시대적 요청 때문이었다고 할 수 있을 거야. 중세가 암흑이었던 이유 중의 하나는 성경을 비롯한 문학, 철학, 예술 등의 고급 정보가 일반인들에겐 감추어졌기 때문이지.

구텐베르크의 성경 발간 이후 40년 만에 유럽 110개 도시에 인쇄소가 설치됐고 그 뒤 10년 만에 인쇄술로 발간된 서적 수가 800만 권에 이르렀다고 해. 유럽은 물론 전 세계에 지식정보혁명을 가져온 인쇄술은 보통사람들도 저렴한 비용으로 서적을 구입하고 아담한 서가를 꾸밀 수 있게 해줬지. 결국 소망이 변화를 가져온 게지.

앨 고어는 또 말했지. "한국의 디지털 혁명은 역사적으로 보면 두 번째로 획기적이고 혁신적인 기술발전에 기여하는 사례가 될 것이며 전 세계가 인쇄술에 이어 한국으로부터 두 번째로 큰 혜택을 보게 되는 것이다." 그의 말은 한국의 역사 5,000년 가운데 가장 국운을 떨칠 수 있는 시대가 임박했음을 알려주는 신호탄이란다.

그러나 남다른 소망을 가지고 앞서 나가는 사람에겐 어려움과 시련도 남다르다는 것을 알아야 한단다. 구텐베르크 역시 금속

활판 인쇄술을 발명해 성경을 많이 출판했다는 이유로 종교재판
에 회부되는 불운을 겪기도 했어. 또 일반 평민에게 그 정보와 지
식을 전달해주었다는 죄목 때문에 당시 귀족에게서 많은 고초를
겪었지. 실제로 책을 통해 각성하게 된 많은 시민들이 귀족에 대
항해 역사적인 시민혁명을 일으킨 도화선이 된 것도 사실이란다.

잭 세인트 클레어 킬비
Jack St. Clair Kilby
1923~2005

미국의 전자공학자. 1958년 텍사스인스트루먼트사에 근무하면서
집적회로를 발명했다. 그의 발명은 전자산업을 바꾸어 놓았고, 그
공으로 2000년 노벨 물리학상을 공동 수상했다.

로버트 노이스
Robert N. Noyce
1927~1990

1959년 집적회로를 발명했다. 특허 신청에서는 킬비보다 한발 늦
었다. 1968년에 세계 최대 반도체 제조사 인텔을 공동 설립했다.
고속트랜지스터, 레이저다이오드, 집적회로 등을 개발한 공로로
2000년 노벨 물리학상을 공동 수상했다.

요하네스 구텐베르크
Johannes
Gutenberg
1397~1468

독일의 인쇄술 창시자. 유럽 근대 활판 인쇄술의 발명자. 구텐베르
크와 제자들에 의한 인쇄술의 보급은 종교개혁과 과학혁명을 촉진
했다.

숭고함은 영원하다

1등보다 값진 영웅을 꿈꿔라

노벨상은 오늘날 세계에서 가장 권위 있는 상으로 손꼽히지. 그중 과학 분야로는 노벨 물리학상, 노벨 화학상, 노벨 생리의학상이 있단다. 따라서 각 분야의 당대 최고 과학자들은 당연히 노벨 과학상을 받았을 것이라고 생각할 것이다. 그러나 일반 대중들에게도 널리 알려진 저명한 과학자나 과학기술의 발전에 획기적인 업적을 이룩한 인물 중에서도 노벨 과학상을 받지 못한 이들이 의외로 적지 않단다.

뛰어난 과학자들이 노벨 과학상을 받지 못한 이유로 '노벨상은 생전의 인물, 즉 당시에 살아 있는 사람만 받을 수 있고 사후에는 받을 수 없다’ 는 규정을 가장 먼저 떠올릴 수 있단다.

이것은 처음 노벨상 제도가 만들어질 무렵에 갈릴레오 갈릴레이, 아이작 뉴턴, 마이클 패러데이 등 이미 고인이 된 대가들이 계속 노벨 과학상을 ‘싹쓸이’ 할까봐 만들어진 것으로 보인단다. 딱 한 번 고인이 수상한 적이 있어. 그때도 노벨상 수상자로 결정된 후에 수상자가 갑자기 사망하는 바람에 그렇게 된 거야.

그런데 이 규정 때문에 위대한 업적을 내고도 노벨상을 받지 못한 경우가 종종 있었단다. 대표적인 경우가 X선 산란에 관한 연구로 ‘모즐리의 법칙’ 을 발견하고 원자번호와 원자핵의 전하량 사이의 관계를 밝혀서 노벨상 수상이 거의 확실시됐던 영국의 과학자 헨리 모즐리야.

그는 제1차 세계대전에 참전해 연합군이 수많은 사상자를 냈던 1915년 갈리폴리 상륙작전에서 결국 스물일곱 살의 아까운 나이로 전사하고 말았지.

그의 참전을 긴곡히 민류했던 스승 이니스드 러더퍼드는 영국 의회에 편지를 보내서 아까운 과학 인재들이 전쟁터에 나가 싸우는 것보다는 대학이나 연구소 등지에서 과학 연구를 계속하는 것이 나라에 더욱 큰 보탬이 된다고 호소했단다. 영국 의회는 러더퍼드의 호소를 받아들였어. 다른 여러 나라들도 마찬가지고. 우리나라에서도 시행되고 있는 이공계 대체복무제도의 기원이야.

아깝게 노벨상을 받지 못한 사람으로는 뒤퐁이라는 기업에서 일하면서 나일론을 개발했지만 나일론 제품을 공개하기 전에 자살한 윌리스 캐러더스와 X선 회절사진으로 DNA의 이중나선구조를 밝히는 데 결정적 공헌을 한 과학자 로잘린드 프랭클린 등을 들 수 있지.

오늘 내가 이야기하려는 사람이 바로 이 유대계 과학자 로잘린드 프랭클린이야. 그녀는 왓슨, 크릭, 윌킨스 등이 DNA 이중나선구조를 발견한 업적으로 1962년도 노벨 생리의학상을 받기 4년 전인 1958년 4월에 서른일곱이란 젊은 나이에 난소암으로 삶을 마감했어.

하지만 설령 그녀가 그때까지 살아 있었다고 해도 세 사람까지만 공동수상이 허용되는 노벨상 수상 규정과 여자를 차별하는 풍토 때문에 노벨상 수상자가 되지는 못했을 것이라는 설이 지배적이었지.

사실 20세기 최고의 과학 업적으로 일컬어지는 DNA 이중나선구조의 발견은 이름도 없이 사라진 한 과학자의 공로가 없었다면 불가능한 일이었어. 왓슨과 크릭이 이중나선구조를 발견하는 데 결정적 단서를 제공한 사람이 바로 로잘린드 프랭클린이기 때문이지.

'과학적 선취권 분쟁scientific priority dispute'이라는 용어가 있단다. 하나의 업적을 놓고 누가 먼저 발견했나를 따지는 일이지. 요즘 같으면 특허나 지적 재산권 싸움이 여기에 속한단다.

영국 런던 킹스 칼리지 화학 교수인 윌킨스가 학교 동료인 프랭클린이 찍은 DNA X선 사진과 그 X선 사진을 토대로 한 연구 결과를 무단으로 왓슨에서 보여주었어. 왓슨과 크릭은 그 자료를 보고 DNA 이중나선구조를 밝혀내는 데 성공할 수 있었어. 결국 왓슨과 크릭은 프랭클린의 연구를 허락도 없이 도용한 거야. 그녀는 연구를 위해 너무 많은 X선 사진을 찍는 바람에 방사능 부작용으로 난소암이 발생해 요절했단다.

어쩌면 너희들 중 과학자가 꿈인 사람도 있을 거야. 아마 그럼 내 이야기를 듣고 "어떻세 그런 일이 일어날 수 있을까?" 하고 분개할지도 모르겠다. 하지만 이 세상엔 불공평한 일도 참 많이 있단다.

세계적인 지휘자 레오나르도 번스타인이 지휘하는 모습을 텔레비전에서 본 적이 있단다. 연주가 끝난 뒤 한 사람이 번스타인에게 이렇게 물었어.

"선생님, 악기 중에 가장 다루기 힘든 악기가 무엇입니까?"

그러자 번스타인은 약간 의외의 대답을 했어.

"제2바이올린입니다. 제1바이올린을 훌륭하게 연주하는 사람은 많습니다. 그러나 그와 똑같은 열의를 가지고 제1바이올린과 아름다운 화음을 이룰 제2바이올린을 연주하는 사람을 찾기는 어렵습니다. 플루트의 경우도 마찬가지고요. 만약 아무도 제2연주자가 되기를 원치 않는다면 아름다운 음악이란 영원히 불가능하지 않을까요?"

1등, 최고, 주인공만을 추구했던 우리에게 조용한 깨달음을 주는 얘기 아니니?

불공평한 세상에도 소망은 빛이 된다

너희들이 세상을 살아갈 때 꼭 염두에 두어야 할 한 가지가 있어. 그건 이 세상이 때론 불공평하다는 거야. "이 세상은 너무도 불공평하다!" 이렇게 불평을 밥 먹듯 하는 사람이 있단다. 이런 사람은 꿈을 실현할 수 없단다. 반대로 "이 세상은 모든 사람에게 평등하다!" 이렇게 생각하는 사람에겐 안 될 일도 되기 시작한단다. 자신의 앞에 어두운 그림자가 드리워져 있을수록 세상은 나름 평등하다고 생각해야 하는 것이란다. 세상일이 자기 뜻대로 되지 않는 것은 자신의 노력이 부족하기 때문이라는 것을 왜 깨닫지 못하는 것일까?

『엄마 나 여기 있어』란 아름다운 동화에 보면 이런 이야기가 있단다.

"세상이 불공평하다고? 하지만 실망하지 마! 하나님은 때때로 빵을 주는 대신 벽돌을 던져 주시기도 하지. 분노에 차 벽돌을 차 버리는 사람은 발만 다칠 뿐이야. 그러나 그 벽돌을 주워 주춧돌을 삼는 사람은 나중에 자신만의 궁전을 지을 수 있단다. 어때? 멋진 궁전을 지어보지 않을래?"

나는 어릴 때부터 책읽기를 무척 좋아했어. 그 이유는 몸이 너무 허약하고 사주 아파서 밖에 나가 노는 것보다 집에만 있는 시간이 많았기 때문이지. 바깥을 많이 나돌아 다니지는 못했지만 그 덕분에 참 많은 책을 읽을 수 있었단다. 그리고 많은 책에서 읽고 배운 것처럼 학교에서 배우는 교과서대로만 살면 성공한다고 믿게 되었지.

물론 어른이 되어가면서 세상을 살아 보니 꼭 그렇지만 않다는 것을 알게 됐어. 공평하지 않은 일들이 많이 있었단 것이지. 내가 양보하지 않았는데도 빼앗아가는 것이 세상의 인심이기에 처음엔 불공평한 일들을 보고 화가 참 많이 났단다. 그럴 땐 억울하기도 했고 세상이 원망스럽기도 했지.

이제 나이가 쉰을 바라보게 되니, 내가 한 연구나 혹은 내가 받아야 할 상을 다른 사람이 받고 안 받고의 문제가 아니라 내가 한 일이 인류에게 도움이 됐나 되지 않았나를 먼저 생각하는 것이 진정한 사랑이라는 것을 깨닫게 된다. 왜냐하면 이 세상에는 자신의 이익을 양보하고 그 어떤 명예도 바라지 않고 남을 위해 자신을 희생한 사람들이 있기 때문이야.

『채근담』에서는 "좁은 지름길에서는 한 걸음 멈추어 남을 가게하고 맛 좋은 음식이 있을 때에는 삼분을 감해서 남에게 양보하며 맛보게 하라. 이것이 바로 세상을 살아가는 최상의 방법"이라 했단다. 또 『소학小學』의 교훈은 "평생토록 길을 양보해도 백 보에 지나지 않을 것이며 평생토록 밭두렁을 양보해도 한 마지기를 잃지 않는다"는 가르침이 있는데, 이처럼 한두 가지 양보한다고 해서 남보다 못하거나 부족하지 않음을 잊지 말기를 바란다. 입시 지옥에서 무조건 친구를 이겨야 하는 경쟁이 기다리고 있다는 건 잘 알아. 하지만 그 속에서도 잊지 말아야 할 기본적인 가치가 무엇인지 생각해보렴.

성경의 전도서 9장 11절을 보니 "내가 돌이켜 해 아래서 보니 빠른 경주자라고 선착하는 것이 아니며 유력자라고 전쟁에 승리하는 것이 아니며 지혜자라고 식물을 얻는 것이 아니며 명철자라고 재물을 얻는 것이 아니며 기능자라고 은총을 입는 것이 아니니 이는 시기와 우연이 이 모든 사람에게 임함이라"란 말씀이 있다. 빨리 출발한다고 늘 승리하는 것이 아니며 좀 양보하고 늦게 간다고 해서 항상 지는 것은 아니란다. 모든 것에는 시기가 있고 우연이 있어, 이 두 가지가 맞아떨어져야 하는 것이니. 이 것은 하나님의 영역에 속한 것이므로 너무 마음을 상하여 애쓰지 말기를 바란단다.

타인을 위해 헌신하며 보람을 맛보자

인생을 남을 위해 헌신한 사람들 중 가장 유명한 사람이 바로 알베르트 슈바이처 박사란다. 그는 목사이자 선교사, 의사였어. 그가 아프리카에서 선교와 의료 봉사활동을 하던 중 노벨 평화상을 수상하러 스웨덴으로 갈 때의 일화란다.

슈바이처 박사가 도착할 기차역에는 수많은 기자들이 기다리고 있었어. 잠시 후 기차가 도착했고 모든 기자들은 당연하다는 듯 1등칸 앞으로 갔단다. 하지만 1등칸의 모든 승객이 내릴 때까지 슈바이처 박사의 모습은 보이지 않았어. 기자들은 2등칸으로 갔지만 그곳에서도 슈바이처 박사는 보이지 않았대.

기자들은 설마 하는 마음으로 3등칸으로 갔단다. 그리고 3등칸의 가장 끝자리에서 슈바이처 박사가 내리는 것을 발견했지. 기자들은 슈바이처 박사가 3등칸을 타고 왔다는 게 놀라서 모두 물었단다.

"아니, 박사님처럼 위대한 분이 왜 3등칸을 타고 오셨습니까? 1등칸을 타고 오실 수 있었을 텐데요?"

그러자 슈바이처 박사가 웃으며 말했지.

"그건 이 기차에 4등칸이 없었기 때문입니다"

멋있지 않니? 사랑은 사람을 겸손하게 한단다. 그리고 겸손은 사람을 위대하게 한단다. 사람이 겸손하면 그의 인생의 앞길에는 존귀함이 기다린단다. 내가 연구한 업적도 중요하고 나의 선행도 기릴 만하지만 그 무엇보다 중요한 것은 그 일을 왜 했느냐는 동기와 목적이 중요하단다.

슈바이처 박사는 루터교 목사의 맏아들로 태어나 스트라스부르에서 철학과 신학을 공부했어. 그곳에서 1899년 철학박사 학위를 받았고 그 이듬해인 1990년에 신학박사 학위를 받았지. 그는 『라이마루스에서 브레데까지Von Reimarus zu Wrede』라는 저서를 써서 신학연구 분야에서 세계적인 인물로 인정받기도 했던 전도유망한 젊은 신학자였단다.

또 1893년 스트라스부르에서 오르간 연주자로 활동하기 시작해서 곧 유명한 음악가가 되기도 했지. 그는 바흐 음악을 해석하는 데 독특한 감각을 갖고 있었단다. 오르간을 가르쳐준 스승 샤를 마리 비도르는 그 사실을 잘 알고 있었지. 그래서 그에게 바흐의 인생과 예술을 연구해 글을 써보라고 권유했어. 슈바이처 박사는 스승의 권유를 받고 『J. S. 바흐 : 음악가이자 시인J. S. Bach : le musicien-poete』이라는 책을 썼지. 그 책은 바흐에 대한 아주 유명한 연구서가 됐단다.

그러나 슈바이처는 이미 스물한 살 때 이런 결심했단다.

“나는 자신만의 행복을 위해서 살아서는 안 된다. 남에게 베 푸는 인생을 살자. 그러기 위해 서른 살까지는 학문과 예술을 위 해 살고, 그후에는 인류를 위해 살자.”

그는 이 결심을 지키기 위해 서른 살 이전에 뛰어난 신학자이 자 철학자, 음악가가 됐단다.

그러던 슈바이처가 드디어 스물아홉 살이던 어느 날이었어. 한가한 오후 기숙사의 책상 위에 놓인 잡지를 우연히 읽게 됐지. 그 책에는 아프리카인들의 비참한 생활이 그려져 있었단다. 그 리고 선교사가 쓴 글이 눈에 띄었어.

“이곳에는 의사도 없습니다. 약도 없습니다. 의사이신 분은 와주십시오.”

이 글을 본 슈바이처는 그만 그것이 하나님의 음성처럼 들렸 단다. 그래서 의사가 되기로 결심했지. 아프리카의 흑인들을 위 해 일생을 바쳐야겠다고 생각한 거야. 그러나 주위의 모든 사람 들이 그를 말렸단다. 친구들뿐만 아니라 부모님도 반대를 했지. 그러나 슈바이처는 불쌍한 이웃을 위해 살겠다는 의지를 굽히지 않았어. 부모님도 더 이상 반대를 할 수가 없었어.

그리하여 그는 의사가 되기로 하고 교수로 있던 대학에서 다시 학생 신분이 돼 공부를 했단다. 그리고 몇 년 후 의학박사 학위를 따서 아프리카로 갔어.

그곳에서 그는 의료봉사를 시작했어. 아프리카는 온도도 높고 습도도 높아서 환자들이 넘쳐났어. 처음엔 닭장을 개조해서 진료실로 사용했어. 거기서 환자들을 치료했지. 슈바이처는 의사뿐 아니라 전도사로도 활동했어. 그러다가 제1차 세계 대전이 발발하자 포로가 되기도 했단다. 그는 아무것도 바라지 않고 아프리카 사람들을 위해 헌신했어. 하지만 그런 그를 폄하하는 사람도 많았지. 하지만 숭고한 일은 언젠가 알아주는 사람이 생기게 마련이란다.

그는 포로에서 풀려난 뒤 다시 강연과 오르간 연주를 해서 병원 운영 자금을 모았어. 1924년에 다시 랑바레네로 가서 전 재산을 털어 제대로 된 병원을 지었단다. 슈바이처는 평생을 남을 위해 헌신하다가 딸의 피아노 연주 소리를 들으며 세상을 떠났다고 해. 그는 20세기의 성자로 불러.

나는 너희들이 슈바이처 박사처럼 평생 남을 위해 봉사하는 인생을 살기를 바란다.

나비의 날갯짓도 세상을 움직일 수 있다

남을 위해 헌신하는 삶은 겉으로 보기에는 아무런 힘도 없을 것 같아 보여. 하지만 그러한 삶이야말로 세상을 되살리는 힘이란다. 눈에 보이지 않는 파급효과도 크단다. 그래서 사명을 가진 사람들은 더욱 의욕이 생기지. 숭고한 자기 사명이 있는 사람은 언제나 폭포수처럼 힘찬 에너지가 넘치게 마련이란다.

소련의 공산주의를 무너뜨리고 엄청나게 큰 세계의 변화를 시도한 사람은 러시아 대통령 보리스 옐친이란다. 한 서방기자가 그에게 그렇게 목숨을 걸고 탱크를 육탄으로 막으면서까지 혁명을 일으킬 용기는 어디서 나왔느냐고 물었던 적이 있었어. 그러자 그는 폴란드의 지도자 레흐 바웬사의 수기를 읽고 깊은 감동을 받았기 때문이라고 대답했단다. 그러자 다시 기자는 바웬사를 찾아가 "어디에서 그런 혁명적 사명을 받았으냐?"고 물었대. 그러자 바웬사는 그는 미국의 흑인운동을 주도한 마틴 루터 킹 목사님에게 영향을 받았다고 했대.

다시금 기자는 킹 목사를 찾아가 흑인운동을 주도한 근거가 어디에서 나왔느냐고 물었다는 것 아니겠니? 그러자 그가 말하길 "내가 민권운동에 나서게 된 결정적인 동기는 한 무명의 흑인 여성 로자 팍스 때문이었습니다"라고 했단다.

로자 팍스는 어느 날 버스를 타고 가는데 빈자리가 없어 백인 자리에 앉았단다. 당시 미국의 시내버스는 흑인과 백인이 서로 앉는 자리가 구별돼 있었어. 그런데 그녀가 용기 있게 백인들의 좌석에 가서 앉은 거야. 그러자 백인 운전수는 그 로자 팍스에게 흑인이 앉는 좌석으로 가라고 말했어. 그러나 팍스는 백인 운전수에게 항거하며 그대로 앉아 있었단다. 결국 운전수는 그녀를 경찰서로 데리고 가서 고발했단다. 그녀는 경찰에게 체포당하고 말았어. 그때로서는 매우 큰 사건이었지. 이것을 계기로 킹은 미국에서 일어나는 인종차별에 저항하는 비폭력운동에 앞장서게 됐단다.

사람은 억울한 일을 당하면 그걸 해결하려고 열심히 뛰어다닌단다. 하지만 남의 불행이나 어려움에는 귀를 잘 기울이지 않게 돼. 그 사람의 입장이 돼 보지 않았기 때문이지. 하지만 킹 목사는 남에 대한 배려가 결국 사랑이라고 생각했어. 그래서 다른 사람의 억울한 일을 풀어주려고 법원에 재판을 신청하고 변호를 했단다.

위대한 사명이 잉태되는 순간이었단다. 그렇다면 소련의 공산주의 붕괴라는 역사적인 사건은 한 흑인 여성이 타고 있던 버스에서부터 서서히 일어난 거라는 걸 알 수 있어. 한 사람의 사명은 세계를 변화시키는 보이지 않는 힘이란다.

결국 킹 목사의 노력으로 1년 뒤에 버스 내에서 인종차별을 하는 것은 위헌이라는 판결이 나왔어. 이 판결은 이웃의 불행을 모른 척하고 다른 사람이 당하는 고통에 귀 기울이지 않던 사람들이 자신의 행동을 뉘우치게 만들었지. 마틴 루터 킹 목사는 자신이 살아야 할 궁극적인 목적을 발견하고 그것을 위해 투쟁하지만 백인과격주의 청년에게 총을 맞아 목숨까지 잃어야 했단다.

유명한 신학자 폴 틸리히는 『궁극적 관심Ultimate Concern』이라는 책을 썼단다. 그는 이 책에서 궁극적 관심이란 바로 종교이며 종교의 가치는 사랑이라고 했단다. 그리고 사람의 존재 목적은 궁극적 관심에 붙잡혀서 사는 것이라고 말했어. 즉, 하나님과 그분이 보여주신 사랑을 실천하며 사는 것이야말로 인간의 궁극적 목적이라는 것이지.

나는 너희들에게 묻고 싶다. 너희들의 궁극적 관심은 어디에 있니? 현실에 있다면 쾌락주의자요, 물질에 있다면 속물이란다.

봄에는 여름을 생각하고 여름에는 겨울을 생각해야 한단다. 그 말은 젊어서는 늙었을 때를 생각하고 그 다음을 생각해야 한다는 뜻이야. 그렇게 더 궁극적인 일에 관심을 가질 때 그 사람의 삶의 질은 달라진단다. 나는 너희들이 10대 시절 대부분을 대학 입시를 준비하느라 새벽부터 밤늦게까지 그렇게 고생을 하며 보내는 것을 볼 때마다 참 불쌍하다는 생각이 든단다. 너희들의 궁극적 목적이 무엇인지 한 번쯤은 생각하며 앞으로 나아가기를 바란다.

프랑스 파리의 한 수도원에는 수도원 입구에 큰 돌비석이 있단다. 그 비석의 비문은 이렇게 적혀 있지.

"Après cela, Après cela, Après cela."

프랑스어로 딱 세 마디 씌어 있어. 해설 없이는 도저히 알 수 없는 그런 이상한 문구란다. 그 뜻은 "그 다음은, 그 다음은, 그 다음은" 이런 뜻이란다. 법과대학 졸업반에 다니는 학생이 고학을 하느라고 애쓰다가 마지막 한 학기를 남기고 도저히 하자금을 조달할 수가 없었대. 그래서 학교를 쉬게 될 것 같아서 너무 마음이 아파서 어느 신부님께 찾아가서 도움을 요청했어.

"신부님, 저를 좀 도와주십시오. 마지막 학기인데 학비가 모자랍니다."

그러자 그 신부님은 흔쾌히 도와주겠다고 말했어.

"마침 조금 전에 어떤 교인이 좋은 일에 써달라고 돈을 한 뭉텅이 갖다놓고 갔는데 이건 분명히 자네를 위한 것일세."

신부는 돈을 세보지도 않고 집히는 대로 그냥 주었단다. 이 청년은 너무나 쉽게 도움을 받아서 당황했어. 그리고 약간 걱정이 돼서 물었어.

"이거 가져도 되는 겁니까?"

신부가 말했지.

"아 그럼, 자네 거야. 그건, 하나님이 자네에게 주는 걸세."

그는 신부에게 감사 인사를 한 뒤 돌아섰대.

"감사합니다, 감사합니다."

그때 신부가 "잠깐만" 그러더래. 청년은 신부가 왜 불렀는지 물었지.

"뭡니까?"

그러자 신부는 "그거 가지고 가서 뭘 하려나?" 하고 물었어.

청년이 대답했지.

"아 그게 무슨 말입니까, 등록금을 내야지요."

다시 신부가 물었지.

"그 다음은?"

그 청년은 다시 대답했어.

"공부해야죠. 공부하고 졸업해야죠."

다시 신부가 물었어.

"그 다음은?"

그 청년이 대답했어.

"법관이 돼서 변호사가 돼 가지고 억울한 사람들을 위해서 변호를 하겠습니다."

신부는 청년의 대답을 듣고는 다시 질문했어.

"좋은 생각이군. 그래주면 좋겠네. 그런데 그 다음은?"

청년이 다시 대답했어.

"돈을 좀 벌겠습니다."

신부가 다시 물었어.

"그 다음은?"

그 청년이 또 대답했지.

"장가를 가겠습니다."

신부는 또 다시 물었어.

"그 다음은?"

청년은 신부의 질문이 심상치 않다고 여기고 더 이상 대답을 하지 못했어. 그러자 신부는 빙그레 웃으면서 말했어.

"그 다음은 내가 말하지. 자네도 죽게 되네. 그 다음은 자네도 하나님의 심판대 앞에 설 것일세, 알았는가?"

결국 "알겠습니다." 인사를 드리고 나오는데 귓가를 계속 때리는 음성이 있었대. "그 다음은, 그 다음은, 그 다음은." 신부의 질문이 계속 들려오더래. 이 이야기는 실화야. 그 청년은 신부에게 받은 돈을 다시 돌려주고 수도원으로 들어가서 훌륭한 수도사가 돼서 한평생 훌륭한 일을 많이 했다지. 결국 훌륭한 생애를 마치고 죽었는데, 그의 비석에는 그가 한평생 자기 책상 앞에 써놓고 좌우명으로 외우던 세 마디 "Après cela, Après cela, Après cela" 가 새겨졌단다.

인생의 목표를 정하고 나면 인생을 사는 중에 일어나는 모든 어려움은 그 일을 이루기 위한 도구일 뿐이라는 것을 알게 될 거야.

나도 너희들에게 다시 한 번 묻고 싶구나.

"너의 궁극적 목표는 무엇이니. 너의 소망은 무엇이며 왜 그렇게 그 다음을 향해 달려가니?"

　만약 궁극적 관심이 숭고한 목적이 아니라면 너는 반드시 후회하는 인생을 살 거야. 우리에게 주어진 짧은 인생을 오직 자기 자신만을 위해 사용한다면 죽는 순간 후회하게 될 거야.

로잘린드 프랭클린 Rosalind Elsie Franklin 1920~1958	영국의 유대계 여성 과학자. 유전정보를 암호화하는 염색체의 구성 성분인 DNA(디옥시리보핵산)의 구조를 밝히는 데 공헌했다. 1951년 런던 킹스 칼리지의 생물물리학 실험실에 들어가 그곳에서 X선 회절법을 이용해 DNA의 밀도와 이중나선구조 및 다른 중요한 양상들을 발견했다.
알베르트 슈바이처 Albert Schweitzer 1875~1965	독일계 프랑스 의사이자 신학자, 철학자, 오르간 연주자. 적도 아프리카에서 평생 선교 활동과 의료봉사 활동을 했다. 20세기의 성자로 불리며, 노벨 평화상을 수상했다.

나를 넘어 타인에게
소망을 주어라

소망이 인류를 변화시킨다

위대한 발명은 인류의 생활을 획기적으로 바꾸기도 한단다. 먼저 중학교 실험시간을 떠올려보자. 면봉으로 입천장에서 떼어낸 세포가 어떻게 생겼는지 보여주는 실험기구는?

그렇다. 바로 현미경이야. 실험시간 처음으로 미세한 물체를 재물대 위에 올려놓고 대물 대안렌즈를 통해 관찰하면 새로운 세상이 보였지. 그때의 신비함이란! 이러한 마술 같은 일은 바로 1670년 네덜란드의 안톤 반 레벤후크와 로버트 훅에 의해 가능해졌지.

의학에서 이와 같은 발명품이 바로 자기공명영상MRI 촬영장치야. 마치 현미경이 작은 물체를 볼 수 있게 해주는 것처럼 인체 내부를 볼 수 있게 해준다.

1895년 11월 독일의 물리학 교수 뢴트겐은 가스로 채워진 관에 전기를 통과시킬 때 나타나는 음극선 형광을 연구하다 작은 스크린에서 흘러나오는 이상한 빛을 발견했어. 그는 이러한 새로운 현상을 연구해 뼈의 윤곽을 볼 수 있었지. 뢴트겐은 알려지지 않은 빛에 'X선'이라는 이름을 붙였어. 뢴트겐은 이 X선을 발견한 공로를 인정받아 첫 노벨 물리학상을 수상한단다.

인간의 신체를 들여다보며 의학과 물리학 발전에 기여한 공로로 노벨 물리학상을 수상한 것은 뢴트겐만이 아니란다. 2003년 폴 로터버 박사와 피터 맨스필드 박사는 질병검사에 혁명을 이룩한 신체검사기술인 MRI 장치를 개발한 공로로 이 상을 수상했어.

MRI는 'Magnetic Resonance Imaging'의 줄임말이야. X선처럼 방사선이 아니므로 인체에 무해하고, X선을 세밀하게 사용하는 CT보다 정밀한 영상을 얻을 수 있어. 또한 가로로 자른 단면뿐만 아니라 원통형이나 원뿔형의 단면도 촬영할 수 있단다.

사람의 몸에 자기장을 걸어주면 몸 안에 있는 수소원자는 공명현상으로 외부의 고주파로부터 특정 진동수의 에너지를 흡수한다. 흡수된 에너지가 다시 방출될 때까지의 시간은 질병을 가진 세포에 따라 다르므로 이 정보를 컴퓨터로 분석하면 원하는 부위의 영상을 얻을 수 있지.

얼마 전에 너희들 고모가 갑자기 병원에 입원한 일이 있었지. 아무런 이유 없이 복통을 호소해서 병원에 갔지만 청진기나 X선 촬영으로는 도저히 원인을 찾을 수 없었단다. 우리는 그저 아무 조치도 취하지 못한 채 배를 움켜쥐고 고통만 호소하는 고모를 안쓰럽게 지켜보기만 했단다. 그러기를 몇 시간, 잠시 후 고모는 MRI 검사를 받았단다. 그러고 나서 얼마 지나지 않아 MRI 검사 결과가 나왔지. MRI 영상을 통해 배가 아팠던 이유가 담석증 때문이라는 것이 밝혀졌단다.

쓸개에서 위장으로 연결되는 담도에 돌이 생긴 거야. 그래서 그 돌이 담즙의 움직임을 막아 염증을 일으킨 거지. 너희들의 고모는 거의 두 시간 수술을 받고 담석을 꺼낸 뒤 무사히 병원을 나올 수 있었단다.

예전 같으면 병원에 일주일 동안 입원하고 피검사부터 조직검사까지 별의별 검사를 다 하고 수술을 했을 텐데 단 이틀 만에 퇴원까지 하다니 이 얼마나 놀라운 의술의 발전이냐? 그렇게 절차가 간단해진 건 뭐니뭐니 해도 MRI 덕분이 아닐까 한다.

그런데 신문을 보니 조만간 국내 기술에 의해 MRI보다 선명한 영상진단기가 등장할 전망이라고 하더구나. 휴대전화 수신장치에 사용하는 '기가헤르츠GHz파' 보다 1,000배의 주파수를 가졌고 투과성透過性이 뛰어나 X선 촬영과 MRI 촬영장치를 한층 정교하게 만들 것으로 기대되는 '테라헤르츠THz파' 의 실용화를 앞당기는 논문을 국내 연구진이 발표했다는 거야.

서울대 박건식, 김대식 교수 연구팀은 표면 플라스몬Plasmon 금속 내부의 전자들이 동시에 진동하는 현상에 전자빔을 쏴 테라헤르츠파 광원을 발생시키는 실험에 성공해 실용화의 관건으로 꼽히는 소용량 고출력 발생파 개발이론을 세웠다는구나.

물리학계에선 의료영상 기술뿐 아니라 반도체와 통신기기 관련 기술에도 테라헤르츠파를 적용할 수 있을 것으로 예상하고 있대. 새로운 영상진단기술을 통해 한국에 첫 과학 분야 노벨상 수상자가 등장할지 주목된다고 들떠 있대.

만약 이 기술이 실용화되면 우리는 마치 영화를 보듯이 우리 몸 내부의 아픈 곳을 찾아 치료하게 될 것이라고 여겨지는구나.

병원에 가보면 얼마나 아픈 사람이 많은지 모른단다. 아파서 병원에 입원해본 적이 없는 사람들은 그들의 아픔을 이해하지 못하는 경우가 많지. 진정한 사랑은 다른 이들의 고통을 같이 나누고자 하는 마음이란다.

이러한 마음들이 모이면 극심한 고통과 죽음 가운데 놓인 환자들에게도 희망이 되고 희망이 샘솟듯 하게 되면 죽을병에서도 기적같이 살아나는 일이 일어나곤 한단다.

미국의 한 중환자 병동에 아주 심한 화상을 입고 생사의 기로를 헤매는 십대 초반의 어린 소년이 있었단다. 그런데 그날따라 처음 자원봉사를 나온 대학생 한 명이 멋모르고 중환자 병동에 들어와서(원래 자원봉사자들은 중환자 병동에는 들어오지 못하도록 되어 있었다) 이 소년의 기록을 보고 나이를 확인한 다음, 중학교 2학년 과정에 해당되는 영어 문법의 동사 변화를 가르치기 시작했지.

물론 소년이 알아듣는지 못 알아듣는지를 확인할 수는 없었지만, 이 순진한 대학생 자원봉사자는 며칠 동안 열심히 가르쳤어. 그런데 놀라운 일은 의사들이 회복 가능성이 아주 희박하다고 판정을 내렸던 이 소년의 상태가 기적같이 나아지기 시작한 것이야.

한두 주일 지나면서 완전히 고비를 넘기고 정상으로 돌아오고 있음에 모두가 놀랐는데, 다들 이 소년의 회복 원인에 대해 궁금해했지. 얼굴의 붕대를 풀던 날, 소년에게 그 원인이 뭐냐고 물었어. 소년의 대답이 걸작이었단다.

"사실은 저도 가망이 없다고 스스로 포기하고 있었는데, 한 대학생 형이 들어와서 다음 학기 영어 시간에 배울 동사 변화를 가르쳐주기 시작해서 놀랐습니다. 그 형은 '네가 나아서 학교에 돌아가면 이것들을 알아둬야 뒤처지지 않을 거야' 라고 하더군요. 그때 저는 확신했죠. '아, 의사 선생님들이 내가 나을 수 있다고 판단했나 보다. 그렇지 않고서야, 이렇게 붕대를 칭칭 감고 있는 나에게 다음 학기 동사 변화를 가르쳐 줄 리가 없지.' 그때부터 기쁜 나머지 소망이 생기기 시작했습니다.'

내가 속한 사회에서 빛을 발하라

로터버 박사는 한 신문과의 인터뷰에서 "과학은 사회의 일부입니다"라는 말로 과학의 사회책임성을 강조했단다. 사회의 일부로서 사회에 기여하는 것이 진정한 과학의 모습이라는 거지.

즉, 그에게는 화학과 물리학이 단순히 학교에서 배우는 과목의 이름이 아니다. 생명의 신비에 대한 그의 호기심을 하나하나 풀어줄 멋진 도구였단다.

한 분야의 대가들에게는 때때로 그 길을 걷게 된 젊은 시절의 강한 기억이 있단다. 로터버 박사도 그런 사람들 중 하나였지. 그는 이에 대해 "과학자로서 인생에서 가장 흥분되는 순간은 아마 탄소 13의 핵자기 공명 스펙트럼을 처음으로 관찰한 때겠죠. 1956년이었습니다."

로터버 박사가 스물여덟 살 때였단다. 그는 51년 전인 젊은 시절을 떠올렸어. 바로 노벨상을 받게 된 계기가 된 때지.

"인간의 하늘을 날고자 하는 소망을 실현시킨 라이트 형제를 존경합니다. 소망을 성취했던 그들의 방식을 항상 마음속에 품고 있었죠."

라이트 형제는 하늘을 날고 싶다는 소망을 가졌어. 하늘을 날게 되면 인류에게 도움이 되리라 생각했지. 그런 바람이 비행기를 만들게 한 것처럼 아픈 환자들의 몸속을 볼 수 있다면 하는 희망과 그렇게 해서 고통 속에 빠진 환자를 한시라도 빨리 고쳐 주면 좋겠다는 바람이 결국 그를 그 어려운 연구의 길로 이끌고

갔다는 것이지.

로터버의 마음속에는 라이트 형제가 1,000회에 달하는 글라이더 실험과 끊임없는 연구를 통해 꿈을 이룬 방식이 자리 잡고 있었어. 라이트 형제는 끈질긴 연구와 노력 끝에 비행에 성공한 거란다.

자동차 왕 포드는 언젠가 자신이 자동차를 대량생산하게 된 이유를 말한 적이 있어. 그는 어린 시절 엄마가 아파서 읍내에 의사를 데리러 가야 했대. 그때 그는 "내가 꼭 마차보다 빠른 자동차를 만들겠다"는 소망을 가졌대. 그런 소망이 그를 오직 한 길로만 가게 만들었어. 이들의 이야기는 소망이 없으면 성취도 없다는 것을 잘 말해준다.

며칠 전 너희들은 나에게 이런 말을 했지. "만약 의사가 되면 '국경없는의사회' 같은 데서 봉사하고 싶어요"라고.

맞아! 그게 바로 진정한 사랑이란다. 나의 기술이나 재능을 고통받고 소외받는 사람들에게 나누어주겠다는 생각, 그 생각이 바로 이 세상을 살 만한 곳으로 만든다고 생각해.

난 너희들의 소망이 그렇게 좀더 거룩하고 숭고한 것이었으면 좋겠어. 우리 세대는 오로지 기본적인 생존권을 유지하느라 이웃을 돌아보는 데 소홀할 수밖에 없었단다. 하지만 이제는 먹고 사는 기본적인 문제는 걱정하지 않아도 되는 시대가 됐다. 그래서 이제는 좀 눈을 돌려 우리보다 못한 이웃, 우리의 도움을 필요로 하는 다른 나라를 돕고 사랑하는 너희들이 되기를 소망해 본다. 어떤 이는 MRI처럼 사람들을 이롭게 하는 첨단장비를 개발하는 과학자로, 어떤 이는 어렵고 가난한 이웃의 자녀들을 성심껏 가르치는 선생님으로, 어떤 이는 '국경없는의사회'의 일원으로 오지의 사람들에게 하나님의 사랑을 전하는 희망을 갖고 공부했으면 좋겠다.

희망은 믿음의 어머니다

하늘의 소망을 가진 사람은 보다 차원 높은 삶의 가치를 추구한단다. 그러한 사람은 사람들의 평가와 판단보다 신의 평가와 판단을 더 우선시해.

심장병 치료에 획기적인 전기를 마련한 베르너 포르스만, 결핵과 맞서 싸운 로베르트 코흐, 장티푸스의 공포를 극복한 조지 소퍼. 바로 이런 사람들의 공통점은 인생의 소망이 평범하지 않았다는 점이다.

그들은 인류를 전염병과 질병의 고통해서 해방시켜 주었어. 어쩌면 신의 영역에 도전한 사람들이라고 볼 수도 있지. 아주 예전에는 사람들은 전염병에 걸리거나 아픈 건 악마가 하는 짓이거나 혹은 신에게 벌을 받았기 때문이라고 생각했어. 하지만 그러한 생각은 잘못된 고정관념이었어. 그들은 바로 그런 고정관념을 깨고 의학을 발달시킨 선구자라고 할 수 있단다. 그런 선구자들은 괴짜 혹은 보수와 편견에 맞선 천재로 불리기도 해. 그들의 그런 개척정신과 희생이 없었다면 오늘날과 같은 현대 의학의 발달은 불가능했을 거야.

바톨은 소망이 믿음의 어버이라고 말했단다. 아무리 험난한 길을 가더라도 끝까지 포기하지 않으면 반드시 그 소망을 이룰 수 있단다. 사람들은 남들이 간 길을 가려고만 해. 하지만 세상을 바꾼 사람들은 남들이 가지 않은 길을 간 경우가 많단다. 남들이 가지 않은 길을 찾아가는 걸 '블루오션 전략'이라고 말한단다. 남들이 가지 않은 새로운 시장, 그 새로운 시장은 미개척 분야이다 보니 경쟁자가 적다는 이점이 있어. 반면 검증되지 않은 길을 가는 만큼 위험 부담이 큰 것도 사실이란다. 하지만 경쟁이 치열해서 피터지게 싸워야 하는 시장인 레드오션에 비해서 경쟁이 치열하지 않은 만큼 성공할 가능성은 높단다.

미국 서부 시대에 있었던 이야기를 하나 해보자. 어떤 농부가 자신의 밭에서 심하게 악취 나는 웅덩이를 보고 늘 투덜거렸지. 소나 말에게도 물을 먹일 수 없었기에 농부의 불평은 갈수록 늘어만 갔다. 결국 농부는 그 웅덩이가 딸린 농토를 남에게 사정하다시피 하며 팔아버렸지. 농부는 그 웅덩이와 결별하는 날 파티를 벌이며 기뻐했단다.

그러나 그 결별은 농부에게 인생 최대의 실수가 됐어. 그 웅덩이에서 거대한 유전이 발견된 것이지. 철강왕 앤드류 카네기의 자서전에 나오는 이야기란다. 남에게 가치있어 보이지 않는 것이 '축복의 유전'일 수도 있단다.

한 평범한 소년이 있었단다. 그 아이는 네덜란드의 유트레이트 고등학교에 입학했다. 소년의 성적은 뛰어난 편이 아니었다. 게다가 그는 졸업을 앞두고 불미스러운 사고에 연루돼 퇴학당했지. 소년은 네덜란드나 독일의 대학에 진학하지 못하고 스위스의 취리히 공과대학에 입학해 거기서 졸업했단다. 청년은 '고등학교 중퇴'라는 불행한 과거로 인해 취직을 할 수가 없었지.

결국 그는 '한가한 시간을 학문연구에 투자나 하자' 고 생각하며 많은 시간을 연구실에서 보냈단다. 고통스런 과거를 분발의 계기로 삼아 무섭게 연구했지. '무직의 시간' 을 '충전의 시간' 으로 활용한 그의 연구업적은 곧 세상에 알려졌단다. 그리고 마흔 여덟 살에 뷔르츠부르크 대학교 총장에 임명됐어.

이 사람의 이름은 빌헬름 뢴트겐이야. X선을 발견한 위대한 과학자이지. 그에게 '퇴학' 이라는 고통은 성공의 자극제가 됐단다. 이처럼 성공한 사람들은 시련을 연단의 과정으로 삼는다는 공통점이 있단다. 너희들도 시련을 보는 시각을 바꾸어 보기 바란다.

낙심을 너의 사전에서 지워라

영국 총리를 역임했던 디즈레일리는 이렇게 말했단다.
"낙심은 바보들의 종말이다."
뢴트겐은 연구실에 틀어박혀 퇴학과 무직자의 설움을 씹으며 음극선 연구를 했어. 그러던 중 기존의 광선보다 훨씬 큰 투과력을 가진 방사선의 존재를 확인했지. 이를 다른 방사선과 구별하기 위해 'X선'이라 이름 붙였어. 그는 이 업적으로 최초의 노벨 물리학상 수상자가 되는 영광을 얻었단다.

우리는 뢴트겐이 X선을 발견한 덕분에 방사선실에 들어가 큰 기계 앞에 서면 자기 가슴속을 훤히 들여다볼 수 있게 됐단다. 육안으로는 볼 수 없는 갈비뼈, 폐, 심장 등을 초현대식 기계를 통해 자세히 볼 수 있게 된 것이지.

빌헬름 뢴트겐이 X선을 발견한 지 한 달여 지난 1895년 12월 22일이었어. 그는 한 장의 사진을 찍었지. 20세기 과학사 첫 장에 기록된 바로 그 사진, 살아 있는 사람의 뼈였단다. 피사체는 아내 베르터의 손. 약지에 반지를 끼고 있는 아내의 뼈는 까맣고 살은 투명했지.

뢴트겐은 이 사진을 신문에 실으면서 "아내가 보인다"고 소개했어. 다소 모호하고 선정적인 이 문구는 즉각 오해를 불렀지. 당시 사람들은 X선 사진이 '아내를 보이게 한다 → 옷을 통과한다 → 여자의 알몸을 볼 수 있다'는 식으로 연관지어 생각한 거야.

아서 셧클리프가 쓴 『유쾌한 과학사』란 책에 보면 성급한 사람들은 거리의 사진사가 멋대로 누드 사진을 찍을 것이라며 걱정했단다. 영국에선 여자의 나체를 볼 수 있는 X선 안경이 곧 판매될 것이라는 소문이 퍼지기까지 했어. 여자들은 공포에 휩싸였지. 때맞춰 런던의 한 회사는 'X선이 통과하지 않음을 보증하는 내의'를 내놓아 히트를 치기도 했단다.

초기 X선은 아무 데나 쓰였어. 뭐든지 들여다봤대. 우선은 발이었다는구나. 제1차 세계대전이 끝나자 군대에서 장병의 결핵 검사에 썼던 X선 기계가 남아돌았지. 수완 좋은 사업가가 이를 발 측정기계로 둔갑시켰어.

이 기계는 '풋 오프 스코프'란 이름으로 불리며 동네 신발가게에까지 진출했단다. 당시 사람들은 기계 안에 서서 꼼지락거리는 발가락뼈를 바라보며 즐거워했지.

또 X선은 털 뽑는 기계로도 인기 폭발이었다더구나. 1925년엔 X선 제모 살롱이 미국 전역에 생겨났어. 1회 3달러로 비싼 편이었지만 효과는 만점이었단다. 6회 정도면 모근까지 완전히 빠졌지. 20년간 X선 제모기의 인기는 식을 줄 몰랐단다. 그러나 1945년 히로시마에 원자탄이 떨어지면서 비로소 방사능의 위험이 모두에게 알려진 것이야.

1895년 뢴트겐이 X선을 발견한 이래 그 성질에 관해서 많은 추론과 실험이 뒤따랐단다. 찰스 바클라의 실험은 X선이 전자기

스펙트럼의 일종이며 가시광선보다는 훨씬 길이가 짧은 파동이라는 것을 강력하게 시사했지. 1912년 아르놀트 조머펠트는 X선 파장에 대한 도해를 제시하기도 했단다. 이를 계기로 막스 라우에는 X선의 파장이 실제로 가시광선보다 더 짧다면 그것이 회절 격자의 어떤 결정을 통해 드러날지도 모른다는 가설을 세우게 된다.

라우에가 황산아연 결정체에 X선을 쬐는 실험을 한 결과 아름다운 회절무늬가 나타났어. X선 회절은 원자의 기본 구조를 밝혀주었고 동시에 X선의 파장을 측정하는 수단을 제공했단다.

라우에가 진행한 연구의 중요성은 금세 인정받았고 대단한 반향을 불러일으켰지. 윌리엄 브래그 부자는 이를 이용해 X선 결정학의 기틀을 잡았단다. 이들은 X선 회절을 통해 물질의 3차원 구조를 알아낼 수 있는 방법을 고안했어. 이후 X선 결정학은 결정체와 분자 구조를 조사하는 데 가장 중요한 도구가 됐단다.

그 덕에 로잘린드 프랭클린은 DNA의 이중나선구조에 대한 힌트를 얻게 된 거야. 그리고 로잘린드 프랭클린 연구 덕에 프랜시스 크릭과 제임스 왓슨이 DNA 이중나선구조에 대한 논문을 발표할 수 있었지.

새로운 발견과 발명은 이처럼 과거의 연구에 빚지고 있단다. 성경은 말하지. "해 아래 새것이 없다"고. 인간이 아무리 노력한다 해도 무에서 유를 창조하는 능력을 갖는 것은 아니란다. 이미 있는 것을 발견하고 깨닫고 재해석해 조립할 뿐이지.

문제는 관찰, 해석, 새로운 추론, 형상화를 할 수 있는지 없는지에 달려 있어. 학문이란 이러한 능력을 갖추는 것이란다.

예수는 성경에서 "사랑엔 두려움이 없나니"라고 말했어. 사람들을 사랑하는 마음이 너희들을 공부하게 만들고 학문의 기틀을 닦게 해. 그래야 즐겁고 기쁜 마음으로 무엇이든 하게 되는 법이란다. 자기 일을 사랑하는 가운데 희망을 버리지 않고 끝까지 노력하는 자는 반드시 결과를 얻게 된다는 것을 보여준 역사적 쾌거란다.

괴테는 "모든 일에 절망하는 것보다 소망을 가지는 쪽으로 생각하는 것이 훨씬 낫다"고 말했단다. 절망은 가장 나중에 해도 늦지 않는 거야. 그러니 처음에는 아예 생각도 하지 말기를 바란다. 빌리 그레이엄도 말했다. "해도 해도 안 될 때에는 전적으로 하나님께 맡겨보라. 하나님께서 판단해 이뤄주실 것이다"라고 말이야.

흔히 절망은 죽음에 이르는 병이라고 한다. 인간이 소망과 투지를 잃어버리면 그 사람은 죽음을 선고받은 것이라는 사실을 명심했으면 좋겠다.

폴 로터버
Paul C. Lauterbur
1929~2007

전자기장에서 세차운동precession을 이용하면 2차원 영상을 얻을 수 있음을 발견했다. 그는 자기장 속에서 방출된 전파의 특성을 보고 신체 어느 부분에 해당되는지를 판단할 수 있게 했다. 이는 다른 방법으로는 가시화할 수 없었던 인체 장기 같은 구조물들의 2차원 영상을 가능하게 했다. 오늘날의 MRI 장치를 개발하는 계기가 됐다. 1980년대 중반 실용화된 이후 현재 해마다 전 세계적으로 6,000만 회 이상 MRI 촬영이 이뤄지고 있다. 2003년 노벨 생리의학상을 공동 수상했다.

빌헬름 뢴트겐
Wilhelm
Konrad Röntgen
1845~1923

독일의 물리학자. 음극선 연구를 하며, 기존의 광선보다 훨씬 큰 투과력을 가진 방사선의 존재를 확인했다. 이를 다른 방사선과 구별하기 위해 'X선'이라 명명하고, 이 업적으로 최초의 노벨 물리학상 수상자가 됐다.

09

디딤돌이 되어라

세상을 크게 보자

"인간이 달에 착륙한 것과 맞먹을 정도의 역사적 사건이 일어 났다."

1953년 2월 어느 저녁, 프랜시스 크릭이 케임브리지의 한 술 집에 들어서서 "우리가 생명의 비밀을 찾았소!"라고 외치면서 한 말의 일부란다. 정말 그 말은 결코 과장이 아니었단다. 크릭 과 그의 동료 제임스 왓슨은 DNA의 이중나선구조를 밝혀냈기 때문이지. 또한 그 구조를 풀어 DNA를 자체 복제할 수 있다는 사실도 증명했어. 이 발견으로 생명공학 산업이 탄생할 수 있었 는데, 덕분에 우리는 유전학을 이용해 질병을 정복할 수 있다는 희망을 품게 됐단다.

흔히들 사람들은 "천재는 불운하다"고 말하곤 해. 하지만 왓슨의 삶은 화려하기 그지없었단다. 20세기의 가장 유명한 과학자들 명단에 올랐거든. 알베르트 아인슈타인에 이은 차세대 과학자로 평가받았거든.

그는 항상 반바지에 발목까지 흘러내린 양말을 신은 우스꽝스러운 차림의 키다리 학생이었어. 그는 영국 케임브리지로 자리를 옮긴 뒤 크릭과 만나 DNA 이중나선구조라는 놀라운 구조물을 그려낸단다.

두 사람의 노력으로 DNA가 발견됐어. 그로 말미암아 인류가 한 명의 아담으로부터 생명의 기원이 시작됐다는 것을 밝혀낼 수 있었지. 또한 생명은 자기 복제를 할 수 있고 물질대사를 한다는 것을 증명했어. 하지만 프랜시스 크릭은 DNA와 단백질이 저절로 합성되기에는 구조가 너무 복잡해서 지구가 아닌 곳에서 만들어져 시구로 보내졌다고 주장했단다. 그 말은 인간의 유전자가 너무 복잡해서 신이 만든 거라고 생각하지 않고는 설명할 수 없다는 뜻이기도 해.

크릭은 1961년에 이미 한 가닥의 DNA에 배열된 3개의 염기가 한 코돈codon(DNA의 3개의 뉴클레오티드에 의해 구성된다. 이것에 의해 세포 내에서 합성되는 아미노산의 종류가 결정된다)이 돼 단백질 분자의 중심축에서 특정 아미노산이 들어갈 위치를 지시한다는 사실을 증명했단다.

그는 또한 20가지의 아미노산을 암호화하는 코돈을 밝혀냈어. 그래서 세포가 단백질을 합성하기 위해 DNA의 '정보'를 사용하는 방식을 밝혀내는 데도 도움을 주었지.

미국 드라마 「CSI 과학 수사대」도 DNA가 발견된 덕분에 그렇게 쉽게 범인을 잡는 거야. 뿐만 아니라 DNA가 없었다면 당뇨병 환자들이 지금처럼 인슐린 주사도 싼값에 맞지 못했을 거란다. 그러면 도대체 DNA가 뭐기에 이렇게 놀라운 요술을 부리는 걸까?

거름이 되어 더욱 값진 열매를 맺어라

왜 DNA 발견은 중요할까? 그건 생명의 정보를 담고 있기 때문이야. DNA를 통해 모든 생명의 근원을 추적해 볼 수 있게 됐어. 또 복제를 통해 필요한 치료물질을 싼값에 생산할 수 있는 길도 열렸단다.

영국 케임브리지 대학 인류진화학과의 폴 멜러 교수팀은 유전 정보를 통한 인류의 근원을 찾아가는 연구를 하고 있단다. 최근 연구팀은 현생 인류가 6만 년 전 아프리카에서 퍼져 나왔다고 발표했단다.

현생 인류의 조상은 15만~20만 년 전 아프리카에서 출현했다는 거야. 현생 인류의 조상이 주변 지역으로 이동하기 시작한 것은 그로부터 10만 년 뒤라고 하고.

최근 미국 지리학회와 IBM이 공동 추진하고 있는 '제노그래픽genographic 프로젝트'가 내놓은 연구 결과 가운데 하나도 유전자gene 연구를 통해 인류의 지리학적 분포를 알아낸다는 계획이었지.

성경의 창세기 3장 20절을 보면 "아담은 자기 아내의 이름을 하와라고 했다. 그가 생명이 있는 모든 것의 어머니이기 때문이나"라는 구절이 있어. 성경은 모든 인류가 처음에는 단 한 명의 어머니로부터 나왔다는 것을 가르쳐 주고 있단다. 그런데 최근 이러한 성경의 기록이 사실이라는 연구 결과가 나왔단다. 이 모두가 DNA의 이중나선구조가 가르쳐준 사실이지.

세포를 확대해 보면 핵이 있고 그 안에 미토콘드리아가 보여. 미토콘드리아는 핵 외의 자기증식계이며 스스로 증식할 수 있단다. 바로 이 미토콘드리아 속에 고유의 DNA가 존재하고 또 고유의 단백질 합성계가 존재하는 것이 확인됐단다.

근래 미국 워싱턴 대학에 있는 과학자들도 우리와 똑같은 의문을 가지고 유전공학적인 조사를 한 적이 있었지. 이 조사가 가능했던 건 바로 미토콘드리아 때문이었어. 이 미토콘드리아는 핵 속에 있는 DNA와 다르게 독특하게 모계로만 유전되는 특징이 있단다. 그래서 이 미토콘드리아의 DNA를 추적해 올라가면 모계혈통을 알 수 있다는 것이지.

브라이언 사이키스가 쓴 『이브의 일곱 딸들The Seven Daughters of Eve』이란 책을 보면 거의 모든 유럽인은 이브의 일곱 딸들의 후손이라는 아주 재미있는 주장이 나온단다. 또 그의 연구에는 일본인의 혈통에 대한 연구도 나와. "대부분 일본인의 모계 조상은 2,500년 전에 한국에서 건너온 야요이족으로 거슬러 올라간다"는 것이었어. 그러면 이러한 주장의 근거는 무엇일까?

옥스퍼드 대학에 있던 사이키스 연구팀은 미토콘드리아 유전자가 모계로만 유전된다는 점에 착안해서 유전자 계보를 파악하고 돌연변이를 검사했단다. 그렇게 해서 엄마의 엄마의 엄마를 추적하는 방법으로 유럽인의 조상이 일곱 명의 여성들(이브)에게로 거슬러 올라간다는 것을 밝혀냈어. 전 세계로 치면 세른세 명의 여성들이 오늘날 지구에 살고 있는 모든 사람들의 조상이 된다는 거야.

불과 10여 년 전만 해도 초기 인류 연구는 주로 고고학 유적지들을 통해 이뤄졌어. 하지만 지금은 현재의 인간 분포에서 시간을 거슬러 역으로 추적하는 유전자 분석 방식이 더 큰 효과를 거두고 있단다. 그 출발이 된 것이 앞에서 말한 미토콘드리아 DNA 분석 방법이지. 하지만 최근에는 Y염색체를 추적해 '아담'을 찾는 연구도 진행 중이란다.

이러한 인류의 비밀을 푸는 다양한 연구들이 가능하게 된 것도 따지고 보면 DNA 이중나선구조 발견에 힘입은 바 크단다.

난 너희들이 이 이야기 속에서도 비전을 발견할 수 있다고 생각해. 바로 남에게 디딤돌이 되는 사람이야. 우리는 모두가 머리가 되고 싶어해. 꼬리가 되고 싶어하지는 않지. 하지만 머리도 꼬리와 몸통의 도움이 없이는 결코 지탱할 수 없단다.

난 너희들에게 다른 이들의 연구, 다른 이들의 성공, 다른 이들의 영광에 디딤돌이 되는 사람이 되면 좋겠다. 그것이 너희의 인생의 목적이자 꿈이 되기를 바란다.

디딤돌 이야기가 나왔으니 말인데, 언젠가 내가 이야기한 적이 있었던 한 사람이 떠오르는구나.

교보생명의 창업자 고 신용호 회장은 항상 다른 사람의 디딤돌이 되고자 했어. 교보생명 창립 식장에서 "남보다 덜 쉬고 덜 자고 일하지 않는 이상 어찌 남보다 더 잘 살 수 있겠느냐"고 말한 것으로 유명하지. 정말 멋진 말이지 않니? 세상을 살아가면서 느끼는 것이지만 이 말은 정말로 맞는 말 같아. 남들이 놀고 쉬고 게으름 피울 때, 자기가 노력하는 만큼 좋은 성과를 거둘 수 있다는 말이다. 너희들도 이 말을 항상 가슴에 새기며 살아가길 바란다.

신 회장은 정치·사회적으로 격동기였던 1981년 교보문고를 세우는 결단을 내리게 돼. 그 당시에는 출판업계가 매우 침체에 빠져 있었어. 그러니 그건 쉬운 결정이 아니지. 하지만 대산 신용호 회장은 이런 말을 하면서 반대하는 주위 사람들의 동의를 이끌어 냈단다.

"이 사통팔달, 한국에서 가장 사람들이 쉽게 찾아올 수 있는 이곳에 방황하는 청소년을 위한 멍석을 깔아줍시다. 와서 사람과 만나고, 책과 만나고, 지혜와 만나고, 희망과 만나게 합시다. 이곳에 와서 책을 서서 보려면 서서 보고, 기대서 보려면 기대서 보고, 앉아서 보려면 앉아서 보고, 베껴 가려면 베껴 가고, 반나절 보고 가려면 반나절 보고, 하루 종일 보고 싶으면 하루 종일 보고, 그리고 다시 제자리에 꽂아 놓고 사지 않아도 되고, 사고 싶으면 사 들고 가도 좋습니다.”

결국 6월 1일, 금싸라기 땅인 종로 1가 1번지 교보빌딩 지하에 교보문고의 문을 열게 되었지. 한국의 미래를 모토로 만든 교육보험에도 청소년들의 지적 수준과 나라의 성장이 비례한다는 확신이 담겨 있지 않았다면 쉽지 않았을 결정이었겠지. 이 교보문고의 설립으로 침체에 빠져 있던 출판업계의 활력이 되었고, 이후 성장을 거듭하면서 좋은 책의 보급을 통한 출판 도서 문화 향상에 큰 기여를 하는 도심 속의 문화공간으로 자리 잡았단다. 그 덕에 인터넷이 세계 최고로 발달한 나라에서 출판업도 여진히 그 자리를 지켜가고 있으니 말이다. 남을 위해 디딤돌이 되고자 하는 것이 바로 사랑이란다.

남을 위해 나를 낮추어라

달도 뜨지 않아 칠흑같이 어두운 밤, 한 나그네가 밤길을 더듬으며 걸어가고 있었단다. 낯선 길인데다 길이 워낙 험해 걷는 것도 매우 힘들었지. 나그네는 잔뜩 겁먹은 채 더듬고 있는데 저만치서 반짝거리는 등불이 보였어.

나그네는 다행이다 싶어 그 등불만 바라보고 열심히 다가갔다가 깜짝 놀랐단다. 등불을 들고 있는 사람은 지팡이를 짚고 있는 장님이었기 때문이야.

"아니, 앞도 보지 못하는 분이 웬 등불을 들고 나오셨습니까?"

"저는 등불이 필요 없지만 누군가에게 도움이 될 것 같아 들고 나와 봤지요."

20세기 초, 보스턴 교외 지역에 정신지체아와 정신질환자들을 위한 시설이 있었단다. 환자 중에 앤이라는 이름의 한 꼬마소녀가 있었지. 직원들은 이 소녀를 도우려고 최선을 다했지만 허사였어.

마침내 사람들은 모두 그 소녀를 포기했어. 소녀는 지하에 있는 독방으로 옮겨졌단다. 그러나 그곳에서 봉사하던 한 봉사자는 모든 하나님의 피조물은 사랑과 보살핌을 받아야 한다고 믿었어. 그래서 점심시간이 되면 책도 읽어주고 기도도 했어. 그러나 소녀는 반응이 없었지. 마치 벽에다 이야기하는 것 같았으니까 말이다.

그러던 어느 날, 그 봉사자는 소녀의 방 앞에 놓아두었던 접시에서 초콜릿 하나가 없어진 것을 발견했지. 그때부터 반응이 나타나기 시작했단다. 그리고 2년 만에 소녀는 이 보호시설을 떠나 정상적인 생활을 할 수 있다는 진단을 받았어. 그러나 앤은 그 보호시설을 떠나지 않고 남아서 도움이 필요한 사람을 돕기로 결심했대.

약 50년 후 영국 여왕이 미국의 가장 훌륭한 여자에게 훈장을 수여했어. 훈장을 받은 사람은 헬렌 켈러였단다. 그녀는 사람들에게 보지도 듣지도 못하는 장애를 극복할 수 있었던 비결이 무엇이냐는 질문을 받았어. 그러자 그녀가 대답했어.

"만일 앤 실리빈 신생님이 없었다면 나는 여기에 걸고 있을 수 없었을 겁니다"

이 헬렌 켈러를 끈기 있게 사랑하고 돌봐주었던 사람이 바로 그 옛날의 꼬마 앤 설리번이었단다.

세상에는 우뚝 서는 사람이 있어. 그 옆에는 반드시 디딤돌이 돼주는 사람이 있단다. 때론 우뚝 선 사람의 그늘에 가려 보이지 않을 수도 있어. 하지만 인류의 역사는 항상 우뚝 서는 사람들보다 더 많은 디딤돌이 있었기에 가능했다는 것을 잊지 말기 바란다.

디딤돌이 되더라도 즐겨라

선배 과학자들의 연구는 후배 과학자들의 디딤돌이 되는 경우가 많아. 인류 역사상 DNA 이중나선구조의 발견에 버금가는 또 하나의 발견이 있다면 그건 바로 페니실린일 거야. 페니실린의 발견은 인류의 고질적 질병을 이길 항생제 개발의 첫 신호탄이었기 때문이란다.

플레밍은 페니실린의 발견이 '순전히 우연의 산물'이라고 말했단다. 하지만 그 우연은 소 뒷걸음에 잡은 쥐가 아니라 오랜 연구 끝에 얻어진 축복이라고 해야 옳을 것이다.

인류 발전에 이바지한 위대한 인물들에게는 또 하나의 공통점이 있어. 그건 바로 자신의 일을 즐긴다는 거지. 로버트 루트번

스타인과 미셸 루트번스타인이 함께 쓴 『생각의 탄생Sparks of Genius』이란 책에는 알렉산더 플레밍이 세균을 가지고 재미있게 놀았다는 이야기가 나와.

1936년에 그때까지는 비교적 잘 알려지지 않았던 플레밍은 런던에서 열린 제2차 미생물학 국제총회에 두 편의 논문을 발표를 했단다. 첫 번째 논문에서 그는 페니실리움Penicillium이라는 기이한 곰팡이를 소개했어. 이것은 각종 감염성 박테리아의 성장을 막는 합성물질을 만들어낸다는 것이었지. 두 번째 논문에서 그는 세균을 배양해서 그들의 움직임을 살필 수 있다고 했지. 과학계에서는 두 가지 논문 모두를 대수롭지 않게 생각했단다.

알렉산더 플레밍은 두뇌가 명석한 학생이었으며 매우 열심히 일하는 과학자였다. 한 전기작가의 글에 따르면 그는 일을 놀이와 연관시키기를 좋아했대. 한 번은 원반치기 게임을 준비하다가 저명한 박테리아 생물학자들과의 저녁 대화 약속을 어긴 적도 있었단다. 플레밍은 자신의 장난꾸러기 기질을 일과후의 시간에만 발휘하지 않았대. 그는 일하면서 놀았고, 아니 보다 정확하게 표현하면 일을 가지고 놀았다고 해. 그의 상사였던 앨름로스 라이트 경은 그에게 이렇게 말한 적이 있단다.

"자넨 게임을 하듯이 연구를 대하는구먼. 그게 엄청나게 재미
나겠지?"

그는 과학이라는 테두리 안에서 게임을 만들었다고 할 수 있을
거야. 그는 무엇을 하느냐고 질문받을 때마다 이렇게 대답했지.

"나는 미생물을 가지고 논다네. 물론 이 놀이에는 아주 많은
규칙이 있지. 그런데 어느 정도 이 놀이에 익숙해지고 나서 그
규칙을 깨뜨려보면 아주 재미있다네. 그렇게 되면 다른 사람들
은 생각조차 못해본 어떤 것을 알아낼 수 있게 되지."

그는 실험을 하고 나면 그 결과물을 버리기 전에 2~3주 정도
그대로 놔두는 습관이 있었지. 그러면서 우연히 예상 밖의 재미
있는 현상이 일어나지 않을까 하면서 아주 면밀하게 관찰하곤
했어. 결국 그후의 이야기를 보면 그가 옳았다는 것이 증명된
셈이야.

그는 평소처럼 실험을 마친 뒤 마지막으로 그날 실험했던 시
험관을 검사하고 있었어. 그런데 그가 마지막으로 검사하던 시
험관에 푸른곰팡이들이 가득한 거야. 만약 실험 결과를 그냥 쓱
보고 지나쳤다면 지금의 감기약은 없었을지 몰라. 그의 인내심
이 페니실린을 발견했다고 할 수 있지.

플레밍에게 박테리아를 키우고 또 새롭게 배양하는 놀이는 뜻밖의 귀중한 발견을 위한 장치였던 것이야. 이러한 그의 즐기는 기질은 그의 연구가 이후 세균 배양학이나 항생제의 개발에 지대한 영향을 준 것이라면 지나친 비약일까?

천재는 노력하는 자를 막지 못하고 노력하는 자는 즐기는 자를 막지 못한단다. 공부는 숙제가 아니라 내 인생의 축제를 만들어주는 기폭제라고 생각해야 한단다. 피할 수 없다면 당당히 맞서 즐기고 놀이로 생각해야 한단다. 내가 하는 일이 다음 세대의 연구를 위한 디딤돌이 되고 말지라도 작은 모자이크 조각 하나하나가 모여 작품을 만들듯이 작은 연구들이 모여 큰 업적을 낳는다는 사실을 믿고 즐기면서 열정을 가지고 임하기를 나는 바란다.

나는 가끔 텔레비전을 통해 성적을 비관한 나머지 목숨을 끊는 학생들의 소식을 들을 때면 마음이 너무나 아프단다. 머리가 되고 싶겠지. 늘 1등만 하고 싶겠지. 하지만 내가 1등을 하면 누군가는 2등을 하고 또 누군가는 꼴찌를 해야 하는 게 현실이다. 따라서 너희들은 기쁘게 2등도 즐길 줄 알아야 하고 꼴찌도 즐길 줄 알아야 한단다.

인생은 장애물을 극복하면서 크는 것

인생을 살다 보면 학교 다닐 때 보던 시험과는 비교도 할 수 없을 정도로 엄청 힘들고 어려운 일들을 만나기도 해. 그럴 때마다 우리는 참고 견뎌야 하지. 세상일이 늘 우리 뜻대로만 되지 않거든. 힘들고 어려운 일을 만날 때마다 좌절한다면 우리의 인생은 어떻게 되겠니?

미국 어느 대학의 심리학과 교수는 네 살짜리 아이들을 대상으로 인내에 대한 재미있는 실험을 했단다. 그 실험의 이름은 '마시멜로 실험'이야. 내가 앞에서 우리는 인생에서 마시멜로를 당장 먹을 건지 15분 후에 먹을 건지 결정하는 상황에 수없이 부딪치게 될 거라고 얘기한 적이 있어. 그 마시멜로 이야기는 바로 이 심리실험에 나온 얘기야. 내가 그 얘기를 자세히 해줄게. 아주 재미있는 얘기란다.

그 교수는 실험에 참가한 네 살짜리 아이들에게 달콤한 마시멜로 과자를 하나씩 나누어주며 15분간 마시멜로 과자를 먹지 않고 참으면 상으로 한 개를 더 주겠다고 했대. 그 결과, 실험에 참가한 아이들 중 3분의 1은 15분을 참지 못한 채 마시멜로를 먹어치웠고, 3분의 2는 끝까지 기다려서 마시멜로를 하나 더 받았단다. 그런데 14년 후에 더 놀라운 사실이 밝혀졌지. 당시 마시멜로의 유혹을 참아낸 아이들은 마음속에 생기는 짜증이나 스트레스를 잘 이겨냈대. 청소년이 돼서도 정신력이 강하고 사회성이 뛰어난 사람으로 성장해 있었지.

반면 눈앞에 마시멜로를 참지 못하고 먹어치운 아이들은 쉽게 짜증을 내고 사소한 일에도 곧잘 싸움을 하더라는 거야. 어릴 적에 겪은 상대에 대한 믿음과 작은 인내가 훗날 눈부신 성공을 이루게 하는 강력한 '원인'으로 작용한 것이란다. 나는 너희가 놀고 싶다는 유혹을 참아내길 바란다. 그래서 나중에 성공하는 신념과 열정의 사람이 됐으면 좋겠구나.

역사 속 위인들 중에는 바다같이 깊고 넓은 인내심으로 고난을 참고 견뎌내 마침내 뜻을 이룬 경우가 많단다. 오늘은 내일의 디딤돌이라 생각하고 즐거움으로 미래를 준비하기 바란다.

실마리를 풀어주는 사람이 되라

마크 피셔와 마크 앨런이 쓴 『백만장자처럼 생각하라How to

Think Like a Millonaire』는 책에 보면 1950년 프랑스 약사 에밀 쿠에가 '플라시보 이펙트Placebo Effect'를 발견한 얘기가 소개돼 있단다. 플라시보 이펙트란 우리말로 해석하면 위약효과란 뜻이야.

어느 날 쿠에가 잘 아는 사람이 찾아와서는 몹시 아파 죽을 지경이니 약을 지어달라고 했어. 쿠에는 처방전 없이 약을 지어달라고 하니 당연히 거절했지. 그러나 그 사람은 시간이 늦어 병원 문도 닫혔고 지금 당장 아파 죽겠는데 내일까지 어떻게 기다리느냐고 하소연을 했다. 하지만 쿠에는 위법행위를 할 수 없었어. 그렇다고 아픈 사람을 그냥 두고만 볼 수도 없었지. 그래서 약간 하얀 거짓말을 하기로 했지.

그는 그 사람에게 인체에 아무런 해도 끼치지 않는 포도당류의 알약을 지어주었대. 그러고는 "우선 이 약을 좀 먹어보세요. 많이 좋아질 거예요. 그리고 내일 아침 병원에 가보세요." 하고 돌려보냈단 거야.

며칠 후 쿠에가 그 사람을 만났대. 그 사람은 "그거 무슨 약인지 참 신통합디다. 다음날 병원 갈 필요도 없이 말끔히 나았어요. 참 고맙습니다"라는 게 아니겠니?

이 환자는 약사가 약을 먹으면 좋아질 것이라고 한 말을 곧이

곧대로 믿은 거야. 그러자 곧 낫겠구나 하는 정신적 확신으로 인해 그 병이 나았던 거지. 이 연구는 나중에 플라시보 효과라고 불리며 치료법으로까지 발전했어. 지금도 임상적으로 매우 유용하게 사용되는 치료법 중의 하나란다. 이러한 작은 연구와 발견은 곧 다른 학문이나 영역으로 파급되는데 말 그대로 실마리를 푸는 사람이 된단다.

쿠에는 이 우연한 발견을 더욱 발전시켜 정신 영역에도 적용할 수 있는 아주 간단한 공식 하나를 개발했어. 그것은 포도당 알약이 아니라 몇 개의 간단한 단어로 만들어진 공식이지. 이 공식은 곧 전 세계 많은 사람들에게 큰 도움을 주었단다. 쿠에의 공식은 무엇일까?

바로 "나는 날마다 모든 면에서 더 나아지고 있다Day by day, in Everyway, I am getting better and better"야.

이 간단한 말 한마디가 저 유명한 쿠에의 공식이란다. 이 말을 한문으로 바꾸면 '일신우일신日新又日新'이지. 다시 말해 날마다 새롭고 또 새로워지는 삶이지. 쿠에는 이 공식을 하루에 스무 번씩 큰소리로 외치라고 말했단다. 쿠에 공식의 핵심은 자기 암시를 통한 자기 확신이야. 자기 암시의 황금률은 반복이란다. 쿠에

공식의 최고 효과를 얻으려면 매일 열심히 반복해야 하지. 가장 좋은 시간은 묵상 기도 시간, 잠들기 직전, 막 잠에서 깨어났을 때가 가장 좋다고 해.

지금 당장은 나에게 유익하지 않을 수 있어. 기껏해야 다음 세대의 연구에 디딤돌이나 되거나 실마리나 풀어주는 역할밖에 안 될지도 몰라. 하지만 보다 중요한 큰 그림을 보면서 기꺼이 다른 이의 디딤돌이 되는 사람이 되면 좋겠다.

프랜시스 크릭
Francis H. C. Crick
1916~2004

분자생물학자. 1949년부터 캐번디시연구소에서 X선을 사용해 나선상단백질 분자구조를 연구하던 중 윌킨스의 협력을 얻어 1953년 DNA의 이중나선구조를 발표했다. 노벨 생리의학상을 공동 수상했다.

제임스 왓슨
James Watson
1928~

분자생물학자. 크릭과 공동연구로 DNA의 이중나선모델을 발표했다. 유전정보 전달에 관한 연구업적으로 노벨 생리의학상을 공동 수상했다.

알렉산더 플레밍
Alexander Fleming
1886~1955

푸른곰팡이에서 감기 바이러스를 죽이는 페니실린을 발견한 사람이다. 그는 페니실린을 발견해 당시 독감으로 죽어가던 수많은 사람을 살렸고, 이 공로를 인정받아 노벨 의학상을 받았다.

10

최선이 아니면
차선을 찾아라

항상 최선이 아닐 수 있다

약이란 "질병을 예방하고 치료해 주는 것"이라고 정의한다면 피임약은 여기에 속하지 않는단다. 피임약은 하나님이 주신 정상적인 인간의 생식기능을 차단하기 때문이지. 그러다 보니 40년 전 피임약이 처음 세상에 나올 때 엄청 열띤 종교적·윤리적 논쟁을 거쳤단다.

피임약의 원리는 황체호르몬이라는 프로게스테론에 있어. 임신을 하면 프로게스테론의 농도가 높아져 배란을 억제해. 그렇다면 정상인에게 이 호르몬을 투여하면 임신이 아닌데 임신인 것처럼, 즉 배란을 억제할 수 있지 않겠니? 그레고리 핀커스는 이런 원리를 이용했어. 그는 1960년에 최초로 피임약을 만들어 미국 FDA에 승인을 요청했단다.

한참의 논란을 거친 후 승인이 났어. 그때가 1960년 5월 9일이었단다. 그날 이후부터 미국의 약국에서는 그전까지는 전혀 볼 수 없던 이상한(?) 약이 출시됐단다. 이상한 점은 약의 형태나 성분이 아니었어. 바로 약과 함께 첨부된 '의약품 설명서'였거든. 소비자들이 약을 사면서 처음으로 구경하게 된 그 최초의 의약품 설명서는 더구나 약 복용시 있을지도 모를 부작용에 대해 단단히 명시하고 있었단다.

오늘날에는 모든 약에 효능과 부작용을 명시해야 하지만 당시만 해도 그건 파격적인 일이었지. 하지만 정작 그 약이 파격적이었던 이유는 다른 데 있었어. 그 약은 20세기 최고의 발명품 가운데 하나로 꼽히며 사회를 변화시키는 기폭제가 됐기 때문이지. 그 뒤 피임약은 임신을 원하지 않는 이들의 필수품 구실을 했기 때문이란다.

존 브록만의 『지난 2000년 동안의 위대한 발명The Greatest Inventions of the Past 2,000 Years』이란 책에 보면, 먹는 피임약은 세계 지성 110명이 선정한 인류의 위대한 발명 121가지에 당당히 선정됐을 정도로 사회적인 파장이 컸단다. 위스콘신 대학의 인류학자 레포스키 교수는 이 약이 왜 그처럼 위대한지에 대해 두 가지 이유를 들었지.

첫째는 인구폭발로 인한 재앙에서 벗어나게 된 점이야. 둘째는 여성이 스스로 자신의 삶을 지배할 수 있게 됐다는 점이란다. 레포스키 교수의 지적은 정확했다고 본다. 미국의 경우 1900년대 가구당 평균 자녀 수가 3.5명이었는데 먹는 피임약의 기여로 인해 1970년대 2명 수준으로 떨어졌거든.

여성들은 원하지 않는 임신을 피할 수 있었어. 임신과 피임의 주도권을 쥘 수 있었지. 그후 성은 생식의 차원에서 사랑을 확인하는 수단이자 쾌락의 최고 도구로 떠올랐단다.

또한 임신을 미룰 수 있게 돼 활발하게 사회활동을 할 수 있게 됐어. 피임약은 시간에 맞춰 정확하게 먹으면 거의 99퍼센트 성공해. 피임약의 개발로 1960년대 후반부터 성해방과 여성해방 운동이 본격적으로 시작될 수 있었단다.

피임약은 인류 역사상 아주 중대한 발명품이야. 하지만 개발 당시에는 윤리적·사회적 논란을 일으켰어. 그런 논란이 생기면 대안을 찾아야 해. 하지만 그 대안이 항상 최선일 수는 없어. 이

럴 땐 어떻게 해야 할까? 그 상황에서 가장 나은 차선을 선택해야겠지?

인생을 살다 보면 수없이 많은 선택 앞에 서게 돼. 최선과 차선, 그 최선 안에서의 또 다른 최선과 차선. 위태위태하게 양다리를 걸치고 있다가 어느 순간엔가는 선택을 하지 않으면 안 되는 게 인생이지.

모두의 이익을 위해 노력하라

인류 역사에서 피임은 아주 오래전부터 중대한 관심사였어. 기원전 1850년경 고대 이집트의 파피루스에는 악어의 배설물에 꿀을 배합해 성교 전에 여성의 질에 넣었다는 기록이 있어. 히포크라테스는 야생 당근의 씨를 먹으면 임신이 예방된다고 했지. 중세 사람들은 동물의 창자나 물고기 껍질로 콘돔을 만들어서 사용했어. 그러다가 1840년대 고무의 발명으로 콘돔이 보편화되기 시작했단다.

그러나 콘돔은 원치 않은 임신을 종종 발생시켰어. 또 남성이 사용하지 않을 경우 여성으로서는 피임을 할 방법이 없었다. 당시로서는 여자들이 할 수 있는 가장 안전하고 믿을 만한 피임법으로 페서리라는 것이 있었어. 하지만 잘 사용하지 않았지.

핀커스는 1903년 4월 9일 뉴저지 주 우드바인에서 러시아계 유대인인 양친 사이에서 태어났어. 핀커스는 모리스 고등학교를 졸업한 후 1924년 코넬 대학에서 생물학 학사학위를 받았지. 1927년 하버드 대학에서 박사학위를 취득한 뒤 그는 하버드 대학과 클라크 대학 등에서 교수를 지냈단다.

사실 핀커스 박사 이전에도 먹는 피임약에 대해서 많은 사람들이 상당히 오랜 기간에 걸쳐 아이디어를 내고 있었단다. 대표적인 사례가 1937년의 호르몬 피임법의 발명이 그것이다.

메이크피스 등의 과학자들이 여성 호르몬인 프로게스테론을 동물에 주사하면 배란이 억제된다는 사실을 밝혀냈어. 그러나 주사를 사용해야 했고 값도 너무 비싸서 주목을 끌지는 못했단다. 그 외에도 많은 과학자들이 호르몬 피임법과 관련된 연구를 하고 있었어. 핀커스가 여러 과학자들을 제치고 최종적으로 성공을 움켜쥘 수 있었던 것은 창의성과 끈기 때문이었지.

문제는 이러한 약을 약이라는 이름으로 시판하는 것이 옳은가 하는 문제가 남았어. 이에 대한 판단을 누가 내릴 수 있겠니?

당시 핀커스는 연구에 착수하자마자 프로게스테론을 먹는 알약으로 만든다는 창의적인 발상을 했지. 황체호르몬이라 불리는 프로게스테론은 임신이 되면 농도가 높아져 임신을 유지시키며 배란을 억제한다는 것. '그렇다면 정상인에게 이 호르몬을 투여하면 임신이 되지 않고도 임신된 것처럼 배란을 억제할 수 있지 않을까?' 하는 생각이 든 거야. 마침 웨스터 재단의 M.C. 창이라는 연구원이 그 실험을 하고 있었단다. 핀커스는 곧 그를 연구진에 합류시켰단다.

더불어 연구비도 대폭 줄일 수 있게 됐어. 펜실베이니아 주립대의 러셀 마커 교수가 1943년에 프로게스테론을 싼값으로 합성하는 방법을 발견한 거야. 러셀 마커 교수는 멕시코와 중앙아메리카 산에서 자생하는 백합과 식물인 '얌'에 스테로이드 물질인 디오스게닌이 대량 함유돼 있다는 사실을 알아내고 실험실에서 이를 프로게스테론으로 변화시키는 데 성공했지.

핀커스는 산부인과 의사인 존 로크에게 프로세스테론을 먹었을 때의 배란 억제 효과실험을 의뢰했단다. 하지만 실험 결과 두 가지 문제점이 드러났지. 프로게스테론은 효과적이었지만 생각보다 많은 양을 복용해야 하고, 또 실패율이 15퍼센트에 이른다는 것이었어.

그러나 핀커스는 결코 포기하지 않았단다. 올바른 적정량이 반드시 있을 거라고 믿었어. 그는 이와 유사한 화학 화합물이 있을지도 모른다고 생각하고 그쪽으로 눈을 돌렸어. 그후 프로게스테론 관련 각종 화학 합성 스테로이드제의 샘플을 모조리 뒤지던 중 마침내 노르에티노드렐이라는 제품이 특히 효과적이라는 사실을 알아냈단다.

생화학자 B. 콜튼 박사는 노르에티노드렐이 당시로서는 굉장히 독창적인 먹는 피임약이 될 거라고는 짐작도 못했어. 그후 핀커스는 여기에 메스트라놀이라는 또 다른 화학 약품을 조금 섞으면 효과가 더 좋다는 것을 알아냈지. 이렇게 해서 마침내 에노비드라는 약이 탄생하게 됐던 것이란다.

아무튼 이 약이 나옴으로써 여성들은 원하지 않는 임신에서 해방될 수 있었어. 이는 1960년대 후반부터 성해방 및 여성해방 운동의 기폭제 역할을 했단다. 나는 피임약의 개발이 최선의 선택은 아니라고 본다. 사람은 충분히 자기 의지로 성을 조절할 수 있어야 하고 또 절제의 미덕으로 얼마든지 자연적인 피임을 할 수 있다고 보기 때문이다. 그럼에도 불구하고 나는 피임약의 개발이 차선이라고 생각한다. 왜냐하면 이 세상엔 최선은 아니라도 차악을 막기 위한 차선은 존재한다고 믿기 때문이지.

최선을 다했다면 꼴찌도 아름답다

아우렐리우스가 이런 말을 했지. "오늘이 네 인생의 마지막 날이라고 생각하고 살라." 스티븐 코비가 쓴 베스트셀러 『성공하는 사람들의 7가지 습관』에 보면 이런 말도 나온단다. "성공의 사다리를 오르려는 사람은 많다. 그러나 꼭대기에 올라와서 잘못 왔다고 생각하는 사람들이 의외로 많다." 즉, 본인은 최선이라고 믿었지만 지나고 보면 차선이었기에 후회할 때가 많았다는 이야기지.

시험을 보는 건 한편으론 경쟁을 하는 것이기도 해. 그러나 항상 시험을 칠 때마다 남과의 싸움 아닌 자신과의 싸움으로 만들어야 한단다. 자신과의 싸움에서 이기는 사람은 남과의 싸움에서도 이길 수 있기 때문이지. 최선을 다해서 노력하는 사람의 앞날은 하나님이 성공으로 이끌어 준다고 하셨단다.

인생이란 평범함 속에 진리가 숨어 있단다. 항상 모든 일에 최선을 다 할 수는 없단다. 그리고 뛰다 보면 1등도 할 수 있고 꼴찌도 할 수 있는 것이 인생이지. 중요한 건 매순간 최선을 다 했는지야.

특히 이타적인 삶도 모든 사람에게 다 유익한 일이 되지 않을 수도 있단다. 누군가에게 유리하면 누군가에는 항상 불리하기 때문이야. 여기서 차선의 사랑이 필요할 때도 있음을 깨달아야 한다는 것이지.

최선을 다 하고도 이기지 못할 수 있어. 반면 차선의 노력으로도 1등을 할 수가 있단다. 올림픽 정신에 보면 '이기는 데 있는 것이 아니라 참가하는 데 있다'고 했다. 이 정신은 승패에 연연하지 말고 최선을 다 하라는 것이야. 그런 최선이 아니면 차선도 좋다는 뜻이 아닐까 한다.

몸이 약한 사람들 중에 장수하는 사람이 많단다. 그것은 자만하지 않고 항상 신경을 쓰기 때문이야. 차선도 쌓이면 최선이 된다는 의미가 아닐까?

자기 것을 버릴 줄 아는 사람이 용기 있는 사람이고, 만족할 줄 아는 사람이 진정한 부자이며, 최선이 아니면 차선을 찾아 열심히 노력하는 사람이 가장 현명하고 아름다운 법이다. 우승하는 사람이 있으면 꼴찌도 있다. 그러므로 최선을 다했다면 꼴찌도 아름다울 수 있다는 것임을 명심하기 바란다.

최선이 아니면 차선을 찾아라

독일 통일 역시 차선책을 찾은 결과야. 동서 냉전의 상징이었던 베를린 장벽이 붕괴된 지 벌써 18주년이 지났다. 40년 이상 동서로 분리됐던 독일을 하나로 묶는 일은 어렵고 힘들었어. 하지만 주어진 기회를 활용해 냉전의 유산을 잘 마무리하면 밝은 미래로 갈 수 있다는 가능성을 보여준 중요한 본보기가 됐단다.

독일 통일은 독일 기독교민주당과 당시 총리인 헬무트 콜에 의해 이루어졌단다. 너희들도 알다시피 독일은 제2차 세계대전에서 패배한 뒤 얄타 협정에 의해 분할됐단다. 하지만 동·서독은 헌법 전문에 "독일은 하나다"라는 것을 명시하고 분단이 자의에 의한 것이 아니었으므로 통일을 위해 시속적으로 노력힐 것을 천명했지.

1970년 들어 서독에서 양독일 간에 제2차 정상회담이 열렸지만 양독일이 서로 다른 의견들만 제시해 큰 성과를 거두지는 못했지. 이때 탁월한 차선의 선택으로 독일을 통일로 이끈 사람이 바로 콜 총리란다. 당시 동독이라는 나라는 사회주의권에서는 가장 잘사는 나라였지만 내적으로 불안한 상황에 있었단다. 동독의 호네커 서기장은 동독 건국 40주년 기념연설에서 "미래는 사회주의의 것"이라는 발언을 통해 자신감을 드러내려 했어. 하지만 그런 정치적 액션으로 현실을 덮을 수는 없었지. 서독의 콜 총리는 "조만간 베를린 장벽은 무너진다!"는 확신을 갖고 미국의 제임스 베이커 미국 국무장관과 소련의 세바르드나제 외무장관을 독일로 불러들였어.

독일 통일에 따른 모든 비용 문제를 서독이 책임질 테니 통일을 방해하지 말아달라고 부탁하기 위해서였단다. 미국은 쉽게 동의했지만 문제는 소련이었지. 왜냐하면 동독 지역에는 동독군의 두 배나 되는 38만 명의 구소련군이 주둔하고 있었기 때문이지. 그러니 동독이 갑자기 통일이 돼서 자국 군대가 느닷없이 본토로 돌아온다고 생각해봐. 그럼 이는 이미 한계에 다다른 경제 상황에 커다란 타격을 줄 것이 분명했어. 그래서 그들은 망설일 수밖에 없었지.

그러나 당시 서독 정부의 콜 총리와 겐서 외무장관은 직접 모스크바로 날아가 고르바초프 대통령을 만난 자리에서 150억 마르크(100억 달러)를 지원해 줌과 동시에 소련군이 귀국 후 살게 될 집까지 지어주는 조건을 내걸었단다. 그렇게 해서 구소련의 승인을 얻어냈어. 독일은 이러한 '평화적이고 자주적인 해결방법'으로 결국 통일에 이르게 되지. 위기로도 볼 수 있었던 상황을 결국 통일이라는 작품으로 승화시킨 나라가 바로 독일이었단다.

협상을 할 때 중요한 건 항상 최선만을 고집해서는 안 된다는 거야. 차선에 차선을 거듭해 결국 최선을 만들어내면 된다. 그렇게 차선의 차선을 찾아낸 서독의 콜 총리와 국민들은 정말 대단한 민족이라고 생각되지 않니? 서독 사람들의 반드시 통일을 이루어야 한다는 생각과 동독의 가난한 동족을 사랑하는 마음이 있었기에 가능한 일이었어. 그 위대한 사랑이 그들에게 차선책을 찾아 결국 통일의 길을 열었던 거란다.

당시 통일에 따른 서독의 경제적 부담은 최선을 막는 설림돌이었단다. 통일 독일 뒤에는 뒤떨어진 동독 경제의 재건을 위해 7,000억 달러 이상을 투자해야 했기 때문이지.

낙후된 북한에 대한 경제적인 부담 때문에 우리나라의 통일을 반기지 않는 사람들이 있는 것도 같은 맥락에서 이해할 수 있지. 낙후된 북한의 문제를 떠안고 완전한 통일을 이루는 것이 최선이겠지만 그렇지 못할 때 차선은 무엇일까?

당시 독일은 동독지역에서 구소련군이 철수하는 대가로 70억 달러 이상의 막대한 금액을 소련 측에 지불해야 하는 부담을 떠안아가면서 점진적인 통일을 이루어 갔단다.

나는 이러한 차선의 차선이 우리나라의 통일에도 그대로 적용될 수 있다고 생각한단다. 세계를 움직이는 핵심은 경제이다. 고르바초프가 개혁·개방을 추진하다가 결국은 사회주의를 포기하고 자본주의를 도입하게 됐지. 북한도 이러한 비슷한 변화가 일어날 거라고 예상돼.

분명 김정일도 북한 경제를 살리기 위해 남북정상회담에 나왔을 거야. 그동안 북한은 비공식 통계이긴 하지만 200만 명 이상의 사람이 굶어죽는 비극을 겪었단다. 김정일은 경제를 살리기 위해 사회주의 체제를 변화시켜야 할 필요성을 느꼈을 거야. 경제를 살리기 위해서 외부로부터 자본을 유치하는 게 절실히 필요하고 말이야. 체제 보장만 된다면 가장 좋은 파트너는 남한이라고 생각할 거야.

따라서 그동안 북한은 나진 선봉지역 및 신의주 특구, 개성공단 등을 통해서 경제적인 난국을 타개해 나가려 하고 있단다. 아마 김정일 생각으로는 제3세계에서 경제발전을 위해서 시도했던 것처럼 시장 메커니즘을 도입하고 한편 정치적으로 엄격히 통제하는 형태를 구상하고 있을 거야. 1970년대 한국의 유신체제나 남미의 브라질, 아르헨티나, 칠레처럼 경제 개발을 하면서도 정치적으로는 군부독재를 통해 체제를 존속하려 하겠지.

하지만 자본이 유입되면 북한 주민의 생산성을 높이기 위해서 필연적으로 최소한의 거주 이전의 자유와 같은 정치적 자유가 이루어지게 될 거야. 그럼 정보의 흐름이 많아질 테고 결국 주체사상만을 강요한다는 것은 불가능하게 될 거야.

경제 교류가 많아질수록 북한 주민들에게 정치적 자유가 늘어나고 복지도 향상될 거야. 북한은 우리나라와 외국 기업의 자본을 유치하기 위해 군사도발을 자제할 거고. 그렇게 되면 남북한 긴장해소에도 도움이 될 거야.

바로 이런 차선이 모여 최선이 되는 과정이 아닐까 한다. 언젠가 김대중 전 대통령이 한 말이 생각난다.

"정치가는 서생書生적 문제의식과 상인적 현실감각을 공유해야 한다. 혁명과 달리 반대세력과 대화하며 원칙을 관철해야 하는 개혁엔 고도의 전략과 전술이 필요하다."

김대중 전 대통령의 말들은 차선의 선택이 중요하다는 것을 강조한 거란다. 현명한 리더는 이러한 차선의 조화를 이루어 낼 줄 아는 사람이란다. 내가 마지막으로 너희들에게 하고 싶은 말은 '솔로몬의 해법'을 배우라는 거야.

서로의 주장이 달라 한치의 양보도 없이 팽팽하게 맞설 때가 있다. 그럴 땐 상호간의 목적과 동기를 살펴서 상생의 차선책을 찾는 게 필요하단다.

그레고리 핀커스
Gregory Pincus
1903~1967

산아제한에 획기적인 도움을 주는 피임약(이른바 Pill)을 개발했다. 여성재벌 매코믹의 지원으로 성혁명을 이룰 수 있게 하는 경구 피임약을 개발, 미국 FDA의 승인을 받아 에노비드Enovid라는 이름의 피임약을 시판했다. 이후 성윤리, 산아제한, 낙태의 감소에 지대한 영향을 미쳤다. 경구 피임약은 20세기 위대한 발명 중 하나로 손꼽힌다.

헬무트 콜
Helmut Kohl
1930~

독일의 정치가. 라인란트파르츠 주의 주지사, 독일기독교민주동맹 총재 등을 지냈다. 중도우파 연립내각의 총리가 돼 독일 통일을 이룩했다.

11
남을 먼저 생각하는 선택을 하라

시너지를 만들어라

DNA 이중나선구조 발견 이후 DNA 분해효소의 발견과 DNA 조작법이 가능해지면서 분자생물학과 유전공학이 태동하기 시작했어. 유전자 조작을 통한 질병치료의 새로운 길이 열린 거야.

인류는 세균 연구를 통해 면역력을 키우는 방법이 거의 마무리 단계에 있었어. 그때 다시 인류는 암이라는 전대미문의 괴물과 싸워야 하는 상황에 처하게 됐단다. 암과 싸우기 위해서는 암세포의 발견이 가장 중요해. 이 암세포를 찾기 위해서는 몸속을 손금처럼 볼 수 있는 장치의 개발이 가장 시급한 문제였단다.

이러한 필요에 따라 고안된 기계가 인간의 몸속을 꿰뚫는 촬영장치의 개발이었지. 물론 뢴트겐이 발명한 X선이나 CT 같은 도구가 있었지만 정밀하지 못한 감이 있었단다. 그런데 미국 일리노이 주립대 생의학 자기공명연구소 로터버 박사는 자기장의 변화도를 도입함으로써 2차원적인 사진을 개발할 수 있는 가능성을 발견했단다. 그는 또한 방출된 전파의 특징을 분석함으로써 그 전파가 발생한 곳을 알아낼 수 있었지.

하지만 그의 연구에는 핵심기술이 빠져 있었지. 이때 이 핵심기술을 영국 노팅험 대학 물리학과 맨스필드 교수가 가지고 있었어. 그는 자기장의 신호가 수학적으로 분석될 수 있는 방법을 알아내 단층촬영장치를 개발할 수 있는 길을 열어놓았단다. 그는 아주 빠른 이미지 영상을 얻는 방법을 발견했어. 이 기술은 10년 뒤 의학 분야에서 활용 할 수 있게 됐단다.

1973년 로터버 박사는 핵자기공명에 이용되고 있는 자기계의 세기를 변화시킴으로써 얻은 신호의 공간 분포를 화상화하는 방법을 개빌했어. 이에 대해 한편 맨스필드 빅사는 수학을 이용해 발생하는 전파의 미세한 차이를 고속으로 화상화하는 방법을 발견하고, 진단 응용으로의 가능성을 넓히게 된 것이지. 말 그대로 시너지 효과를 낸 거야. 그런데 만약 두 사람이 의기투합하지 않은 채 자기의 공만 내세웠다면 MRI의 탄생은 힘들었거나 그보다 훨씬 늦어졌을 게야. 하지만 둘은 서로의 연구를 위해 자신들이 하나 되는 것이 옳다고 여겼어. 개인의 이익보다 공익을 위해 서로 힘을 합친 것이지.

폴 로터버 박사가 MRI를 연구할 때 맨스필드 박사를 찾아갔단다.

"박사님! 제가 연구하는 분야와 박사님이 연구하는 분야가 조금 다르긴 하지만 서로 힘을 합하면 전혀 다른 기술이 나올 것 같습니다. 우리 몸을 관찰할 수 있는 기계를 만드는 데 박사님의 수학적 지식이 필요합니다. 좀 도와주십시오."

이렇게 제안을 하지. 만약 이때 맨스필드 박사가 거절했더라면 자기공명촬영장치를 만드는 일은 불가능 내지는 매우 늦추어졌을 것이 뻔하지. 하지만 그러한 제안에 맨스필드 박사는 기꺼이 동의한단다. 두 사람은 자신들의 연구가 많은 사람들을 이롭게 하는 사랑의 발명이라는 것을 알고 있었기 때문이지. 인류에게 도움이 되는 장치를 개발하는 일이었기 때문에 서로 협력할 수 있었단다.

시너지라는 말이 있다. 1+1은 2가 아니라 16이라는 이론이란다. 즉, 말 한 마리가 끌면 1이라는 힘이 나오지만 말 두 마리가 동시에 끌면 말 16마리가 끄는 것과 같은 에너지가 나온다는 뜻이란다. 즉, 두 개 이상의 서로 다른 개체가 힘을 합쳐 둘이 지닌 힘 이상의 효과를 내는 현상을 말하지.

시너지의 본질은 '차이점을 가치 있게 생각하는 것'이란다. 차이점을 중요하게 생각한다는 것은 개인의 차이점에 대해 단순히 동의하거나 인정하는 것을 의미하지 않지. 오히려 더 나아가 사람들의 차이점을 존중하고 이를 새로운 시각의 학습 기회로 생각하는 것을 의미한단다. 여러 사람들의 다양한 의견, 견해, 시각, 재주, 재능 등은 좋은 해결책을 모색할 때 값어치가 있어. 너희들이 혼자서는 조금밖에 못할 일을 여러 명이 협력하면 더 많이 할 수 있는 것은 바로 이러한 차이점 때문이란다.

세상엔 아직도 개척해야 할 많은 분야가 있단다. 너희들이 해야 할 일은 의학 분야뿐 아니라 수많은 영역에 남아 있단다. 문제는 너희들의 도전정신이지. 자신의 기득권만 지키려고 해서는 아무것도 얻지 못한단다. 단지 먹고살다 죽을 뿐이지.

그런 사람의 삶의 목적은 먹고 즐기는 것밖에 없기 때문에 자신의 능력을 100퍼센트 사용하지 않는단다.

빌 브라이트 박사는 국제대학생선교회를 창립했어. 그는 20세기의 가장 위대한 기독교 지도자 가운데 한 사람으로 꼽힌단다. 그의 헌신을 통해 지난 시절 수많은 영혼들이 천국의 소망을 가지게 됐단다. 그가 만든 사영리 소책자는 누구에게나 익숙한 전도 브로슈어란다. 사영리와 예수 영화 등을 통해 1억 5,000만 명 이상이 그리스도에게 돌아왔다고 전한다.

어느 날 미국 새들백 교회의 릭 워렌 목사가 브라이트 박사에게 물었지.

"빌, 왜 하나님께서는 당신을 사랑하고 당신의 삶에 그렇게 많은 복을 주시는 걸까요."

브라이트 박사가 대답했단다.

"젊었을 때 나는 하나님과 계약을 했네. 나는 계약서를 쓰고 밑에 서명했네. 계약서에는 '오늘부터 나 빌 브라이트는 예수 그리스도의 종이다' 라고 썼지. 계약서에 사인한 이후로 나는 그 계약에 충실하려고 무진장 애를 썼어."

나는 너희들도 그렇게 신의 종으로 살기를 바란다. 그것이 너희들의 소망이 되기를 바란다. 그러한 소망을 가지고 더 위대하고 거룩한 것을 계획하고 노력하기 바란다. 그럼 신도 능력을 더 해줄 거야.

어떤 사람은 다른 사람의 목숨을 빼앗기도 하고 단축시키기도 해. 반면 또 어떤 사람은 다른 사람의 목숨을 구하고 연장시키고 더 나아가 영원한 삶의 소망을 전해주기도 해.

너희들은 다른 사람을 위하는 삶을 살도록 해야 해. 그러나 그런 삶을 사는 사람에게 고난과 시험이 끊이질 않는다는 것을 잘 알고 있어야 해. 그리고 그 고난과 시험을 기뻐해야 한다. 그 이유는 바로 고난을 통해 거룩한 비전과 소망을 품기 때문이란다.

나는 너희들이 가문과 민족과 열방을 위해 함께 고난을 나누어 가지고자 하는 크고 놀라운 소망을 품는 사람이 되기를 바란다.

남에게 도움이 되는 목표를 세워라

너희들도 두통약을 한 번쯤은 먹었을 거야. 두통약을 만드는 한 제약회사 이야기를 해줄게.

1982년의 어느 날, 두통약 타이레놀을 개발해서 생산하는 '존슨앤존슨'이라는 회사에 어떤 괴한이 전화를 걸었단다. 타이레놀 캡슐에 독극물을 주입했다는 거야. 존슨앤존슨은 그 즉시 시중에 있는 타이레놀을 전부 수거했단다. 존슨앤존슨은 이런 신속한 조치를 통해 오히려 소비자의 신뢰를 얻게 됐단다.

사람들은 이 일을 '타이레놀 사건'으로 기억해. 이 사건은 1982년 시카고 근교에서 타이레놀을 복용한 7명의 주민들이 잇달아 급사하면서 시작됐단다. 사건이 발생하자 이 소식은 미국 전역으로 삽시간에 퍼져나갔어. 당시 미국인의 94퍼센트가 이 사건을 알고 있었다고 해. 거의 전 국민이 다 알게 된 거지.

사람들은 우려의 눈길을 보내며 지대한 관심을 기울였어. 미 전역에 걸쳐 250여 명의 사망자가 이 약과 관련 있는 것처럼 의심받기까지 했단다. 타이레놀에 대한 소비자들의 공포는 급속도로 전파됐어. 이에 따라 존슨앤존슨에는 언론의 문의전화가 쇄도했어. 그 횟수가 하루에만 약 2,500여 건에 달했단다. 또한 사건 발생 후 1주일 만에 타이레놀의 시장 점유율은 65퍼센트나 떨어졌어. 사건 발표 다음날 뉴욕 증시에서 이 회사의 주가는 7포인트나 하락하는 등 심각한 위기를 맞게 됐어. 지방정부와 미연방 당국은 신속하게 사건 수사에 착수했다. 곧 시안화물청산가리라는 독극물이 캡슐형 타이레놀에 들어간 걸 알아냈단다. 문제는 누가, 언제, 왜 이런 짓을 했는지, 얼마만큼의 타이레놀에 독극물이 투입됐는지, 또 누구의 책임인지를 밝혀내는 것이었어. 그런데 그것이 쉽지 않았단다. 타이레놀 캡슐은 누구나 아무 흔적도 남기지 않고 뜯었다가 봉합할 수 있었어. 생산 공장에서 소비자들에게 가는 도중에 어디서나 쉽게 독극물의 투입이 가능했어. 따라서 누구의 책임인지 쉽게 밝힐 수가 없었단다.

얼마 지나지 않아 제품의 생산 과정과는 아무런 상관 없는 누군가가 소매단계에서 타이레놀에 독극물을 투입했다는 것을 밝혀냈지. 따라서 존슨앤존슨은 약 3주일 후부터는 직접적인 책임에서 벗어날 수 있었단다.

그런데 문제는 그때 이미 시중에 깔려 있던 제품의 안정성 문제가 제기된 거야. 존슨앤존슨과 그 자회사인 MCP는 사건이 발생하자 그 심각성을 인식하고 즉시 여러 가지 대응조치를 취했단다.

먼저 두 회사의 PR 부서는 사건에 대한 첫 뉴스가 발생한 순간부터 미디어들의 취재에 철저하게 협조했어. 또한 관련 정보를 최대한으로 언론에 공개했지. 이들은 수집할 수 있는 모든 정보를 요청하는 수천의 질문자(언론과 소비자)들에게 핫라인을 설치하고 운영해 정보를 신속하게 제공했어.

존슨앤존슨과 그 자회사인 MCP는 소비자가 독극물에 노출되는 일을 막기 위해 언론과 함께 긴밀한 협조체제를 유지했단다. 타이레놀의 회수 협조, 구입자의 복용금지 요청, 원인 조사에 대한 진척상황 보고 등 총괄적인 보도 협조였지.

또한 존슨앤존슨의 최고 경영자인 제임스 버크 회장은 직접적 책임이 없지만 사건 발생 며칠 후 피해자의 배우자나 관련 가족들에게 정중한 애도의 편지를 보냈단다. 사건 발생 후 1주일 이내에 존슨앤존슨은 여론이나 정부의 압력이 없었음에도 불구하고 신속하게 상점이나 소비자의 가정에 있던 모든 타이레놀 캡슐을 전국적으로 수거했어. 그렇게 타이레놀의 회수, 검사, 처리에 약 10억 달러의 손실을 보았다고 해. 그리고 자체 조사를 통해 수거된 100만 병의 타이레놀 중 독극물에 오염된 제품은 시카고 지역에서 수거한 75정뿐임을 밝혀냈단다.

또한 광고를 중단하고 범인검거를 위해 10만 달러의 현상금을 거는 등 적극적인 행동을 취했지.

존슨앤존슨은 사건 초에 구성했던 7인의 위기관리위원회를 범인이 잡힌 뒤에도 계속 운영했지. 한편 존슨앤존슨은 즉시 안전한 타이레놀의 3중 봉합캡슐 연구에 들어갔단다.

버크 회장은 소비자들이 여전히 타이레놀에 대해 불안해한다는 점을 언급하면서 언론이 이러한 불안감을 제거해주는 데 협조해줄 것을 요청했단다. 그리고 마지막으로 이물질이 투입될 수 없도록 개발된 새로운 포장의 타이레놀을 소개했지.

그후 다시 조사한 자료에 의하면 응답자의 90퍼센트가 타이레놀 사건이 존슨앤존슨의 책임이 아니라고 믿는 것으로 나타났어. 그리고 이물질 투입이 불가능한 포장으로 타이레놀이 유통될 경우 적어도 타이레놀 사용자들의 35~41퍼센트는 다시 타이레놀을 구입할 것이라는 대답이 나왔지.

타이레놀 신제품은 곧 전국으로 유통됐어. 소비자들 중 예전 타이레놀을 갖고 있다가 폐기했으면 수신자 요금부담 전화 800번을 이용해 존슨앤존슨에 전화하면 다시 새로운 포장의 타이레놀을 받을 수 있었단다. 또한 2달러 50센트를 할인받을 수 있는 구매 쿠폰이 널리 배포됐지.

그 결과 타이레놀은 사건 발생 6개월 만에 사긴 진의 시장 점유율인 35퍼센트대에 근접한 32퍼센트의 시장 점유율을 기록할 수 있었단다. 그리고 존슨앤존슨은 이를 통해 예전보다 더욱 확고한 기업으로 성장할 수가 있었지. 소비자들에게 사랑이라는 신뢰를 심어주었기 때문이야.

리더십의 대가 존 맥스웰은 『열매 맺는 지도자』라는 책에서 우리 인생의 목표를 정하는 데 6가지 지침을 알려주고 있어. 그 중 제일 중요한 지침은 바로 다음과 같단다.

"목표는 이타적이어야 한다. 이기적인 목표는 가치 있는 것이 아니다. 다른 사람들을 도와주기에 충분한 큰 목표를 세워라."

존슨앤존슨은 손해를 감수하면서까지 타이레놀 전 제품을 회수했어. 그런 점은 소비자들에게 신뢰감을 심어줄 수 있었단다. 사람들은 이 사건을 두고두고 기억했어. 모든 비법은 사랑 안에 다 들어 있단다. 사랑은 기업경영에서뿐만 아니라 개인의 삶에서도 기적을 일으킨단다. 기업의 존재 이유도 사랑에서 찾을 수 있다면 그 기업은 성공한 거지.

높이 날아 더 높은 가치를 추구하자

조지 카버라는 사람을 아는지 모르겠다. 20세기 중반, 당시 땅콩은 단지 어린이들의 군것질거리 그 이상은 아니었지. 그런데 자신이 방문하는 모든 목화밭 지역마다 땅콩을 심으라고 했던 사람이 있었어. 그 사람이 바로 조지 카버라는 사람이지.

그 이유는 목화가 땅의 영양분인 질소를 많이 소비해서 땅이 쇠하게 만들고 결국 열매를 제대로 맺지 못하게 되는데 반해, 땅콩은 공기 중의 질소를 땅으로 끌어들여서 땅에 영양분이 풍부하게 하거든. 나중에 이 땅에 다른 것을 심어도 더욱 많은 열매를 맺게 한단다.

하지만 아이들의 군것질거리로만 생각되는 땅콩을 엄청나게 추수해도 그것으로 무엇을 하느냐가 큰 문제였어. 그래서 조지 카버는 그때부터 땅콩으로 할 수 있는 맛있는 요리를 개발하기 시작했단다. 그렇게 실험에 실험을 거듭해서 105가지의 땅콩요리법을 개발했어. 땅콩으로 만든 국, 인조 닭고기, 샐러드, 과자 등 여러 가지가 있었단다. 그러나 이렇게 1년 동안 먹어도 땅콩은 수백 킬로그램이 남아서 다른 방도를 연구해야만 했단다.

그래서 그는 하나님께 기도하면서 질문을 했어.

"하나님 무엇을 하시려고 이 땅에 땅콩을 만드셨습니까?"

그러자 하나님의 응답이 왔다고 한다.

"옳지 그래, 너는 땅콩을 한줌 들고 실험실로 계속 들어가서 연구를 계속하거라! 그러면 네스스로 해답을 알게 될 것이다."

그래서 다시 땅콩을 가지고 실험을 시작했대. 이번에는 땅콩 우유를 만드는 비법을 발견했단다. 그것은 땅콩기름, 물, 소금, 설탕을 섞어 우유와 동일한 맛을 만들어 낸 것이지. 그 다음은 사탕, 땅콩버터, 인조 밀가루, 잉크, 물감을 만들었어. 또 구두약과 땅콩껍질로는 전기 절연판, 땔감, 접착제, 인조대리석 따위를 만들어 냈단다. 정말 놀랍지 않니?

조지 카버는 이렇게 일평생 땅콩만 연구해서 땅콩으로 만든 제품만 300가지 이상을 만들었단다. 그 다음 땅콩에 초콜릿을 입히는 방법을 개발해서 이를 상품에 적용하자 물건이 많이 팔리게 되었고, 명성과 함께 부도 얻었어. 이러한 공로로 조지 커버 박사는 이후 한 의회에서 강연을 할 기회를 얻게 되었단다. 그때 한 의원이 질문을 했지.

"땅콩으로 아주 맛있는 인조고기를 만들었는데, 축산업자를 망칠 셈입니까?"

그러자 조지 카버가 대답했어.

"아니오, 땅콩은 고기를 먹지 않아야 할 사람이 언제든지 마음 놓고 먹을 수 있는 고기입니다."

어느 길로 가야 할지 고민이 되고 선택하기 어려울 땐 조지 카버처럼 멀리 내다볼 수 있는 눈을 가지면 답이 보인단다. 비판적인 눈은 너무 가까이서 근시안적으로 보기 때문에 일어나는 착시란다. 아파트나 상가를 멋있게 그린 그림을 조감도라고 하지?

즉, 새의 눈을 가지고 본다는 말이란다. 이처럼 새의 눈을 가지려면 등산을 해서 높은 산에 올라가야 한단다. 등산의 묘미는 올라간 만큼 아름다운 경치를 볼 수 있다는 것이지. 중턱쯤 간 사람은 이제 막 출발하려는 사람을 보면서 긍지를 갖게 돼. 군대에서 이제 막 제대하는 사람은 이런 말을 하곤 한단다.

"야! 나보고 다시 군대에 가라고 하면 차라리 죽어버리겠다."

그것은 죽겠다는 뜻이 아니라 이제 막 군에 가는 사람에 대한 자부심의 말이란다. 그러므로 최선의 삶을 살기 위한 세 번째 단계는 사랑의 말의 힘을 발견하는 것이란다. 사랑으로 긍정적인 말과 희망을 말하고 그것을 이루면 그것만큼 산을 오른 것과 같단다. 그러면 어떤 길로 가야 할지 해답이 보이지.

이 글을 한참 써 내려가던 얼마 전 태안에서는 우리나라 역사상 가장 큰 규모의 유조선 기름 유출사고가 발생했단다. 그런데 그 사건을 보면서 안타까웠던 것은 우리나라 기업의 윤리경영 의식이 너무 낮다는 것이었어. 타이레놀 사태의 수습과는 너무

나도 동떨어진 기업들의 모습을 보고 우리는 앞으로 더 많이 노력해야겠구나 하는 생각을 했단다.

기업의 이익 이전에 책임질 줄 아는 존슨앤존슨이 결국 책임도 지키고 이익도 챙길 수 있었던 것처럼 높이 올라 멀리 봄으로서 좀더 높은 가치를 추구하는 너희들이 되기를 진심으로 바란다.

피터 맨스필드
Sir Peter Mansfield
1933~

로터버 박사가 발견한 자기장 변화도 활용법을 심화 발전시켰다. 이들 신호가 수학적으로 어떻게 분석해낼 수 있는지를 처음 보여주었다. 이 방법은 곧 영상기술 발전을 가능케 했다. 자기공명영상 MRI 촬영장치를 개발함으로써 의학 발전의 신기원을 이룩했다. 환자의 몸에 메스를 대거나 X선을 투시하지 않고도 장기 내부를 들여다볼 수 있게 됨으로써 신경외과학에는 혁명적인 변화가 왔다. 2003년 노벨 생리의학상을 공동 수상했다.

제임스 버크
James E. Burke
1925~

존슨앤존슨의 최고 경영자이자 회장. 타이레놀 독극물투입 사건의 직접적인 책임은 없었지만 사건 발생 후 피해자의 배우자나 관련된 가족들에게 정중한 애도의 편지를 보내는 등 신속한 대응 조치를 취해 오히려 위기에 처한 회사를 기사회생시킨 타자 지향적 경영의 모범을 보였다.

별빛 하나가
수십억 광년을 지나 오듯이

사춘기 때는 공부도 중요하지만 그보다 더 중요한 것이 인격을 올바로 키우는 것이란다. 즉 너만의 캐릭터를 만들어야 한다는 것이지. 그래야 좋은 리더십Good Leadership이 형성된단다. 인격은 먼저 자신을 다스리는 셀프 리더십Self Leadership을 만든단다. 셀프 리더십이 강한 사람은 자연히 타인을 이끄는 능력도 생기는 법이지.

카누팀은 아홉 명이 한 팀이란다. 그런데 그 중 여덟 명은 노를 젓고 한 명은 그냥 전진하는 쪽을 바라보며 그냥 앉아 있지. 아무런 일도 하지 않고 무게만 나가게 하는 이 사람이 카누의 리더란다. 그의 구령에 맞추어 노를 젓고 방향을 결정하게 된단다. 만약 리더가 잘못 리드하면 배는 빠른 속도에도 불구하고 딴 방향으로 가게 되지. 잘못된 열심이나 방향을 잘못 잡은 일등은 축복이 아니라 실패요 저주란 이런 것을 두고 하는 말이란다.

이 세상에 똑같은 사람은 없단다. 저마다 성격이 다르고 기질도 다르고 추구하는 것도 달라. 하지만 모두 다 똑같이 소중한 존재이지. 우리는 각자 모두 이 우주 그 무엇과도 바꿀 수 없을 만큼 소중한 존재야. 또한 이 세상에 단 한 명밖에 없는 특별한 존재이고.

나는 그런 너희들을 사랑한단다. 난 너희들이 아무런 상처 없이 곱게 자라서 부유하고 안락한 삶을 살기를 바라지 않는다. 그보다는 세상에 나가 소낙비를 맞고 폭풍우가 치는 밤을 보내는 시련을 겪게 되더라도 좌절하지 않고 긍정적인 마음을 지닌 사람으로 자라기를 바란다. 그래서 세상의 그늘과 어둠에 관심을 갖고 믿음과 소망과 사랑을 실천하는 사람이 됐으면 해. 너희들은 세상을 밝히는 빛이 될 수 있을 거야.

밤하늘을 보면 별들이 반짝반짝 빛나는 걸 볼 수 있을 거야. 그 별빛들 중에는 수십억 광년 전에 빛난 것들도 있어. 지구로부터 수십억 광년 떨어져 있는 별에서 보낸 빛이니까. 하지만 빛은 그 오랜 시간을 달려 이 먼 곳까지 와서 환하고 밝게 빛난단다. 어둠은 그

빛을 막을 수 없고. 우리도 그 빛처럼 오랫동안 멀리 밝고 환한 기운을 보낼 수 있는 존재가 될 수 있을 거야.

우리가 이 세상에 태어난 것에는 어떤 숭고한 목적이 있기 때문이라고 생각해. 너희들에게는 이 세상에 태어난 이유가 있고 또 해야 할 일이 있단다. 모쪼록 그것이 무엇인지 찾아서 그 일들을 이루어내기 바란다.

2008년 7월

김재헌

- 캐서린 크론 지음, 강성희 옮김, 『오프라 윈프리』, 성우주니어, 2006

- 에이드리언 길버트 지음, 김석희 옮김, 『프랭클린 D. 루스벨트』, 어린이작가정신, 2005

- 프랜 리스 지음, 김종승 옮김, 『구텐베르크』, 아이세움, 2006

- 브렌다 매독스 지음, 나도선·진우기 옮김, 『로잘린드 프랭클린과 DNA』, 양문, 2004

- 햇살과나무꾼 지음, 『헬렌 켈러』, 어린이중앙, 2006

- 김성규·이준일 지음, 『뢴트겐의 생애와 X선의 발견』, 대학서림, 1997

- 아서 셧클리프 지음, 김문성 옮김, 『유식의 즐거운 8(유쾌한 과학사)』, 휘닉스, 2006

- 브라이언 사이키스 지음, 전성수 옮김, 『이브의 일곱 딸들』, 따님, 2002

- 로버트 루트번스타인·미셸 루트번스타인 지음, 박종성 옮김, 『생각의 탄생』, 에코의 서재, 2007

- 마크 피셔·마크 앨런 지음, 강주헌 옮김, 『백만장자처럼 생각하라』, 국일미디어, 2001

- 존 브록만 엮음, 이창희 옮김, 『지난 2천 년 동안의 위대한 발명』, 해냄, 2000

- 스티븐 코비 지음, 김경섭 옮김, 『성공하는 사람들의 7가지 습관』, 김영사, 2003

- 필립 짐바르도 지음, 이충호 옮김, 『루시퍼 이펙트』, 웅진지식하우스, 2007

KI신서 1436

마음의 크기가 인생을 결정한다

열여섯 살

1판 1쇄 인쇄 2008년 7월 21일
1판 1쇄 발행 2008년 7월 25일

지은이 김재헌 **펴낸이** 김영곤 **펴낸곳** (주)북이십일 21세기북스
기획 심지혜 **편집** 박효진 **디자인** 김은경 **마케팅** 주명석 **영업** 최창규
출판등록 2000년 5월 6일 제10-1965호
주소 (우413-756) 경기도 파주시 교하읍 문발리 파주출판단지 518-3
대표전화 031-955-2100 **팩스** 031-955-2151 **이메일** book21@book21.co.kr
홈페이지 www.book21.com **커뮤니티** cafe.naver.com/21cbook

© 김재헌, 2008

값 10,000원
ISBN 978-89-509-1495-0 43300

이 책 내용의 일부 또는 전부를 재사용하려면 반드시 (주)북이십일의 동의를 얻어야 합니다.
잘못 만들어진 책은 구입하신 서점에서 교환해 드립니다.